KB193923

슈퍼 트릴로지

Super Trilogy

디지털 자산 투기인가 아니면 새로운 질서인가?

박상민 지음

nobook

3개의 힘, 하나의 미래, 글로벌 금융권력의 전환점

　어느 날 새벽, 한 글로벌 투자사가 긴급 브리핑을 열었다고 한다.

　"미국 국채가 예전 같지 않습니다. 브렉시트 이후, 코로나19까지 겹치며 부채비율이 치솟았어요. 금리 인상과 겹치니 이제 국채를 안전하다고 볼 수 없다는 시각이 늘고 있습니다."

　"그렇다면 대체 투자처로 디지털 자산이 떠오른다는데, 과연 이게 투기인지, 아니면 실제 금융·경제 판도를 흔들 혁신인지… 벌써 시장 규모가 수천조 원이라던데요."

　　　(위 내용은 가상의 시나리오)

1. 글로벌 금융·정치 이벤트와 중앙화 vs. 분산화 흐름

지난 20여 년간 우리는 2008년 글로벌 금융위기, 2016년 브렉시트, 그리고 2020년 코로나19 팬데믹 같은 거대한 사건들을 거치며 중앙화와 분산화라는 서로 다른 가치가 어떻게 충돌하고 조화를 이루는지를 목격해왔다. 그 흐름 속에서 블록체인 기반의 디지털 자산은 이제 금융·경제 생태계를 뒤흔드는 혁신으로 자리 잡았고, 시장 규모가 수천조~4,000조 원대였는데 **2024년 말에는 5,000조 원을 돌파**했다. 더욱이 AI(인공지능) 기술까지 가세해, 앞으로 디지털 자산 시대가 어떤 모습으로 진화할지에 대한 궁금증이 커지고 있다.

이 책은 바로 그 질문—**"디지털 자산 확장과 AI 결합이 향후 시장을 어떻게 재편할 것인가"**—에 답하고자 한다. 특히 이미 5,000조 원에 이르는 메인넷 시장을 주목한다. 수많은 프로젝트가 "탈중앙화"를 내세우지만, 실제로는 소수 메인넷이 자본을 과점하며 사실상 중앙화로 흘러가는 역설이 나타나고 있다. 설령 AI가 투표와 정책 제안을 보조한다고 해도, 자본과 검증자(Validator)의 신뢰가 받쳐주지 않으면 거버넌스는 한계를 드러낼 수밖에 없다는 점이 핵심 문제다.

2. AI 결합, 메인넷 시장의 과점 역설

본서는 **AI 네트워크, 메인넷, 거버넌스** 이 세 축을 하나로 묶어 "슈퍼 트릴로지(Super Trilogy)"라 명명했다. 디지털 자산 시장을 근본적으로 뒤흔들 요소로 이 세 가지를 꼽은 이유는, 각각의 혁신성이 개별 작동할 때와 달리 함께 결합할 때 훨씬 더 거대한 권력 구조 변화가 일어날 수 있기 때문이다.

이 책을 통해 여러분은 다음과 같은 흐름을 한눈에 파악하게 될 것이다.

1. 최근 20년간 중앙화와 분산화가 어떻게 부딪혔고, 그 속에서 블록체인 기반 디지털 자산이 어떤 혁신으로 등장했는지

2. 5,000조에 이른 메인넷 시장의 자본 과점 구조, 그리고 전통 자산이 흔들릴 때 투자 흐름이 어떻게 바뀌는지

3. STO(토큰증권)·RWA(실물자산 토큰화)가 본격화될 경우 제도권 금융과 디지털 자산이 어디까지 융합할 수 있는지

4. AI가 블록체인 거버넌스를 보조하면 과연 탈중앙을 지향하는 블록체인이 실제론 중앙화가 더 강화되는 역설이 벌어질지, 아니면 정말 새로운 분산 거버넌스 시대가 열릴지

5. 이와 같은 슈퍼 트릴로지가 가져올 미래 시나리오(베스트·베이스·워스트)와, 개인·기업·정부 각각이 어떤 전략을 취해야 하는지

아래 목차에서 보듯, 이 책은 **1장**에서 디지털 자산 시장의 현주소를 살펴보고, **2장**에서 STO와 RWA가 가진 거대한 잠재력과 규제 동향을 짚는다. 이어 **3장**에서는 미국 국채 매력 하락과 그 대체 투자처로서 디지털 자산이 부상하는 흐름을 다룬다. **4장**에서는 정부·금융기관 관점의 규제 솔루션인 SOLID LOCK과 메인넷 선택을 분석하고, **5장**에서 AI와 블록체인의 융합 사례를 통해 기술적·산업적 시너지를 확인한다. **6장**에서는 AI와 분산 거버넌스가 결합하는 과정에서 나타날 윤리·정치적 딜레마를 다루고, 마지막 **7장**에서는 향후 시나리오와 전략을 제시한다. 그리고 **에필로그**에서 이 모든 흐름을 "슈퍼 트릴로지"라는 개념으로 다시금 묶어내며, 디지털 자산이 제시하는 기회와 도전을 함께 돌아본다.

왜 이 책을 읽어야 하는가?

1. 디지털자산 시장 전망이 단순한 거품이 아니라, 제도권 금융까지 움직일 가능성이 큰 현실 시나리오임을 확인할 수 있다.

2. AI+메인넷 결합이 "탈중앙 거버넌스"를 가속하거나, 반대로 "소수 권력 집중"을 더욱 강화하는 양면성을 파악할 수 있다.

3. STO·RWA 등 제도권 진입이 본격화될 때, 어떤 투자 기회와 리스크가 펼쳐질지 미리 살펴볼 수 있다.

급변하는 디지털 자산 환경에서, 이 책이 독자 여러분께 통찰을 주고, **자신만의 전략과 기회**를 모색하는 데 작은 길잡이가 되길 바란다. 슈퍼 트릴로지가 펼쳐갈 새로운 권력 구조를 함께 주목해보자.

| 목차 |

1장

디지털 자산 시장의 현주소

- 5,000조 원과 10개 메인넷

상위 10개 메인넷이 거대 자본을 흡수하며,
"탈중앙화"를 표방한 시장이 실제로는 중앙화되는
역설을 드러낸다.
ETF 승인·기관투자자 유입 등으로 투자판이
가열되고, 거품 논란 vs. 혁신 자산으로 대립하는
시장 풍경을 조명한다.

1. "주식·부동산보다 안전한 메인넷이 있을까?"

2023년 8월 2일 새벽, 뉴욕 맨해튼에 본사를 둔 한 글로벌 투자사가 갑작스러운 긴급 브리핑을 열었다. 피치가 미국 국채 신용등급을 AAA에서 AA+로 강등했다는 발표가 나온 지 몇 시간이 채 지나지 않은 시점이었다. 브리핑 자리에서 투자 전략 수석인 케빈 윌슨은 "코로나19 이후 연방정부 재정 지출이 급증하고, 브렉시트의 후폭풍까지 겹치면서 미국 부채비율이 크게 늘었다"며 "최근 금리 인상 기조까지 이어지니, 미국 국채를 예전처럼 절대적 안전자산으로 볼 수 없다는 시각이 확산하고 있다"고 설명했다.

그러자 한 애널리스트가 손을 들어 물었다. "그렇다면 대체 투자처가 필요하다는 얘긴가요? 디지털 자산이 안전한 자산인지, 아니면 그냥 투기인 건지 잘 모르겠습니다." 이에 윌슨은 "이미 시가총액이 수 천조 원에 달한다는 분석이 있을 정도로 디지털 자산 시장이 빠르게 커졌다"며 "지난 몇 년 사이 제도권 금융도 비트코인 ETF 승인 검토에 나서는 등 이 분야를 그냥 놔두고 보기엔 너무 큰 돈이 몰리고 있다"고 답했다.

현장 분위기는 '미국 국채의 절대적 지위'가 흔들린다면, 어느 정도 자금이 디지털 자산으로 흘러갈 것이라는 가능성을 열어 둬야 한다는 쪽으로 기울었다. 브리핑 말미에서 윌슨은 "아직 투기인지 진짜 혁신인지는 논쟁 중이지만, 이런 규모의 시장을 배제하기에는 리스크가 더 커졌다"고 말했다. 그리고는 "결국 정부와 규제 당국이 얼마나 빠르게 제도를 정비하는가에 따라, 자본 흐름이 한쪽으로 크게 쏠릴 수도 있다"고 덧붙였다.

이렇게 긴급 브리핑은 단시간에 끝났다. 그러나 다음 날 아침부터 주요 경제지는 일제히 "디지털 자산, 미국 국채의 자리 차지할까"라는 기사를 실었고, 일주일 동안 글로벌 시장은 피치의 신용등급 강등 여파와 디지털 자산의 부상 가능성을 두고 뜨겁게 달아올랐다. 브렉시트 이후에 이어진 금리 인상과 부채 급등, 그리고 코로나19 재정 지출 후폭풍이라는 변수들이 맞물려 예전 같지 않은 미국 국채 수익률을 대체하려는 움직임이 현실화될 수 있다는 전망도 언론의 집중 조명을 받았다.

이처럼 미국 국채의 안전자산 지위가 흔들린다는 해석이 나오자, 시장은 디지털 자산이 과연 안정적 투자처가 될 수 있을지 치열한 의견 대립을 벌이기 시작했다. 그리고 그 논쟁은 지금까지도 계속되는 중이다.

(위 내용은 실제 사건을 일부 참조했으나, 이해를 돕기 위해 구성된 가상의 시나리오이며, 특정 인물이나 기업과는 무관함)

불과 몇 년 전만 해도 디지털 자산은 "투기판"으로 인식됐지만, 지금은 시장 규모가 수 천조 원이라는 기사 제목이 심심찮게 눈에 띈다. 심지어 2024년 12월 31일 기준으로는 시가총액 *5,000조 원"을 넘어섰다.

이 장에서는 이 거대한 수치 뒤에 어떤 흐름이 숨어 있는지, 그리고 블록체인이 정말 탈중앙화인지—하지만 소수 메인넷이 자본을 독식하는 모순적 풍경에 어떻게 이해관계가 엮이는지 살펴본다.

그림1:2024년 서울 강남구 업비트 라운지 전광판에 장중 1억원을 넘은 비트코인 원화마켓 시세가 표시되고 있다. [연합뉴스: 2024.05.16 08:28]

*CoinMarketCap(https://coinmarketcap.com) 기준, 2024년 12월 31일 시점의 전체암호화폐 시총 = 3,478,972,614,980달러, 1달러 = 1458원 기준, 5,072조원

5,000조 원 시장, 숫자로 보는 디지털 자산

CoinMarketCap 등 기관 통계를 보면, 이미 2025년 초

비트코인·이더리움을 비롯한 전체 디지털 자산 시가총액이 5천조 원대임이 포착된다.

"5,000조 원"이라고 하면 도무지 실감이 안 날 만큼 큰 규모이긴 하나, 지난 5년간 메인넷이 우후죽순 생겨나며 시총을 끌어올린 영향이 크다.

예전엔 비트코인·이더리움 두 '명소'에만 사람이 몰리던 작은 놀이동산이었다면, 이제 코스모스·폴카닷·솔라나·아발란체 등 새롭고 매력적인 '시설'이 생겼다. 각 시설마다 투자자와 개발자를 끌어들이고 있어, 놀이동산(전체 시장) 자체가 빠르게 확장되었다.

(Q&A코너) "이거 거품 아닌가요?"

Q. "5,000조 원이라니⋯ 이거 대체 누가 이렇게 많이 투자하는 건가요? 거품 아닙니까?"

A. 물론 하루아침에 시총이 급등락하는 높은 변동성을 지닌 것이 사실이다. 그러나 전통 금융시장이 불안할 때마

다 '탈중앙'이라는 매력과 높은 기대수익률을 노리는 자금이 몰려와, 실제로 규모가 커지는 상황이다.

그림2: Biz watch 2024.10.31

물론 '5,000조 원'이라는 규모만 보면 막연히 커 보이지만, 전 세계 주식시장 시총(약 100조 달러, 13경 원 수준)이나 채권시장(약 125조 달러, 16경 원 전후)에 견주면 아직도 디지털 자산 시장은 비교적 작은 편이다.[1]

그럼에도 불구하고, **주식·채권처럼 이미 수십 년~수백**

년의 역사를 지닌 시장 대비 훨씬 짧은 기간에 이렇게 빠른 성장을 이룬 점은 주목할 만하다. 예를 들면,

- 비트코인(2009년 출범)이 약 15년 만에 2,000조 원 이상의 시총을 달성해 "디지털 골드"라는 별칭을 얻었다.

- 이더리움(2015년 출범)은 10년이 채 되지 않아 500조 ~600조 원 전후의 시총과 풍부한 DApp 생태계를 형성했다.

  (SIFMA(미국증권산업금융시장협회), World Bank, IMF 등 각종 통계 종합)

이렇게 전통 자산 대비 총량은 아직 작지만, 짧은 역사와 높은 변동성 속에서도 빠른 자금 유입을 끌어들였다는 점에서 '거품이 아니냐'는 의문과 '혁신을 이룬 새로운 자산군'이라는 기대가 교차하는 것이다.

2. 상위 10개 메인넷이 시장 전체를 점유하는
   역설적 풍경

"탈중앙"이라더니, 소수 메인넷이 자본 독점을 하고 있다. 통계를 보면, 상위 10개 메인넷이 전체 시총의 약 81%를 차지(2024년 12월 기준). 금액으론 4,100조 원 수준이다. 분산 원장을 자랑하지만, 정작 자본은 극도로 집중된 아이러니이다.

왜 이렇게 소수 메인넷에 자금이 몰리는 걸까? 업계에서는 **초기 창업팀·재단이 주도해 프로젝트를 빠르게 키우는 과정**에서 대형 벤처캐피털(VC) 자금을 대거 유치하고, 해당 VC들과 재단이 대규모 토큰을 보유하게 된 점을 핵심 이유로 꼽는다.

- 예를 들어 솔라나(Solana)의 경우, 2020~2021년 사이에 FTX·알라메다 리서치 등에서 수천만 달러 규모 투자를 받고, 재단과 팀원들이 초기 물량 상당 부분을 보유하고 있다.4

- 폴카닷(Polkadot)도 웹3 파운데이션(Web3 Foundation)과 파리티(Parity)가 사실상 핵심 지분을 쥔 상태에서, 파라체인(Parachain) 경매 모델로 추가 자금을 조달하는 구조라서 '진정한 분산인가'라는 논쟁이 있어 왔다.

이처럼 "VC+재단 중심 토큰 분배"가 시장 확장에는 유리했으나, 실제 의사결정 주체가 소수에게 집중되는 '중앙화의 역설'을 더욱 심화시켰다는 비판도 나온다.

표1: 상위 주요 메인넷 시총·점유율

메인넷	추정 시총 (조 원)	점유율(%)	주요 특징
비트코인	2,700	53	PoW, 최초 블록체인
이더리움	588	11	PoS 전환, 스마트컨트
폴카닷	15	0.3	파라체인 구조, NPoS
솔라나	132	2	초고속 TPS, PoH+PoS
아발란체	21	0.4	서브넷 기능, EVM 호환

(2024.12월 CoinMarketCap 기준)

3. 디지털 자산 시장의 성장과 탈중앙화의 역설

디지털 자산 시장은 급격히 성장하면서도, 탈중앙화를 표방한 구조 안에서 오히려 강한 중앙화 경향을 보이고 있다. 이러한 현상이 발생한 배경과 실제 사례, 그리고 투자 흐름의 변화를 살펴보면 블록체인 기술이 직면한 근본적인 딜레마를 이해할 수 있다.

저자코멘트

제가 처음 다양한 재단들과 교류했을 때, 가장 놀랐던 점은 '탈중앙화를 그렇게 외치는데 실제 재단 몇 명이 모든 의사결정을 거의 독점'한다는 사실이었습니다. 수백억 원 규모 자금이 비탈중앙화적으로 쓰이는 게 아니라, 딱 몇 명 리더가 최종 승인하는 식이었죠.

하지만 그분들 입장에선 '새로운 실험을 빠르게 추진하기 위해선 어느 정도 중심화가 불가피하다'는 논리를 펴곤 했습니다. 이런 현실과 이념의 간극이, 바로 이 장에서 다루는 디지털 자산 시장의 '역설'이자 '딜레마'라고 생각합니다.

왜 이런 현상이 발생했을까

　　대규모 자본을 신속하게 유치하려면 강력한 창업자 비전과 독창적 기술, 벤처캐피털(VC) 마케팅이 필수적이다. 블록체인 프로젝트들이 "탈중앙화"를 외치더라도, 결국 창업자와 재단이 주도하는 기술적 구조가 자리 잡게 된다. 이더리움과는 다른 방식으로 메인넷을 가동하는 기술적 차별성과, 프로젝트를 이끄는 리더의 미션과 비전이 VC들에게 중요하게 작용한다. 이러한 현상에 대해 업계에서는 의견이 엇갈린다. 산업이 성장하는 과정에서 불가피한 일이라는 시각과, 본래의 탈중앙화 취지를 훼손한다는 비판이 팽팽하게 맞선다.

Case Study 이더리움 공동창업자들의 확장 드라마

　　이더리움은 2014년경 여러 공동창업자들이 모여 시작되었는데, 그 과정에서 법인 설립 형태·수익 구조·프로젝트 운영 방향 등을 두고 견해차가 생기며 갈등이 나타났다.

가장 자주 언급되는 사례로는 비탈릭 부테린이 "비영리 재단 형태"와 오픈소스 생태계 구축을 강조했던 반면, 일부 공동창업자는 "영리 회사 설립"을 통해 투자금을 더 효율적으로 조달하고 빠른 의사결정을 내야 한다고 주장했던 점이 꼽힌다.

이런 차이는 단순 경영 철학의 차원을 넘어, 토큰 분배와 ICO(암호화폐공개) 시점·규모에 대한 의견 불일치로도 이어졌다. 그 결과 창업 초기 핵심 멤버였던 찰스 호스킨슨은 이더리움 내부 이사회에서 축출되듯 떠났고(본인은 자진 퇴사라고 밝히기도 함), 이후 독자적인 메인넷(카르다노)을 론칭하게 되었다. 개빈 우드 역시 스마트컨트랙트 언어 솔리디티(Solidity)와 EVM 개념 정립에 큰 역할을 했지만, 운영 방식이나 재단 지배구조 등에 이견이 생겨 이더리움을 떠나 폴카닷을 만들었다.

또 다른 갈등 요인으로는 공동창업자들이 맡는 역할과 기여도를 어떻게 인정·보상할 것인가가 있었다. 이 과정에서 의견 충돌과 개인적 불화가 불거져 "너무 많은 공동창업자들이 있다"는 자조 섞인 말이 나올 정도였다. 이더리움이 궁극적으로 비영리 재단 형태로 정리된 뒤, 재단과 개발자들의 결정권을 누구에게 얼마나 부여할지 정립하는 과정에서 마찰이 적지 않았던 것으로 전해진다.

즉 이더리움의 갈등은,

(1) 프로젝트를 영리 회사로 이끌 것인가 비영리 생태계로 둘 것인가

(2) 토큰 세일(ICO)과 분배 비중을 어떻게 조정할 것인가

(3) 재단 및 창업자들 간 권한과 역할 분배를 어떻게 확립할 것인가

등을 둘러싼 의견 차이에서 비롯되었다. 결국 비탈릭을 중심으로 한 "비영리·오픈소스 지향" 쪽이 우세해졌고, 이와 뜻이 달랐던 일부 창업자들이 독자 노선을 선택하면서 이더리움 초기 멤버들이 흩어지게 되었다.

개빈 우드

그림 3 : 폴카닷 공동설립자 개빈 우드(Gavin Wood)
[사진: 위키미디어]

솔리디티(Solidity) 언어와 이더리움 가상머신(EVM) 개념을 설계한 핵심 인물로, 이더리움 재단을 떠나 Web3 Foundation을 설립하고 폴카닷을 시작했다. 폴카닷은 파라체인 경매를 통해 많은 DOT 토큰을 모은 프로젝트가 생태계의 핵심이 되는 구조를 갖고 있다. 또한 여러 독립 블록체인이 서로 보안과 합의 메커니즘을 공유하면서도 각자

특화된 기능을 수행할 수 있도록 고안된 네트워크다. 이를 위해 "릴레이체인(Relay Chain)"과 "파라체인(Parachain)"이라는 구조를 사용한다.

릴레이체인은 폴카닷 생태계의 중심으로, 전체 네트워크의 보안과 합의 과정을 담당한다. 파라체인은 릴레이체인과 연결된 별도의 블록체인으로, 게임·금융·DAO 등 특정 분야에 특화된 기능을 원하는 대로 구현할 수 있다. 예를 들어 어떤 팀은 파라체인 하나를 전자상거래에 집중된 블록체인으로 설계할 수 있고, 다른 팀은 탈중앙 금융(DeFi)에 초점을 맞춘 블록체인으로 만들 수도 있다. 이처럼 각 파라체인이 독립적인 기능을 발휘하면서도 릴레이체인을 통해 전체 보안을 공유 받는 것이 폴카닷의 핵심 모델이다.

폴카닷에서 파라체인이 되려면 "파라체인 슬롯 경매(Parachain Auction)"를 거쳐야 한다. 이 경매에서 가장 많은 DOT(폴카닷 토큰)를 모은 프로젝트가 슬롯을 획득해 파라체인으로 활동할 수 있게 된다. 이러한 파라체인 경매 방식은 "자금력이 풍부한 프로젝트가 핵심 자리를 차지할 수 있다"는 우려와, "빠른 투자 유치로 생태계를 단숨에 확장할 수 있다"는 긍정론이 공존한다.

찰스 호스킨슨

그림 4 : 찰스 호스킨슨 [사진: IOHK]

찰스 호스킨슨은 학계 중심의 연구와 피어리뷰(peer review)를 강조하며 카르다노를 개발했다. 오로보로스(Ouroboros) 지분증명(PoS) 알고리즘을 과학적으로 검증하는 데 집중했지만, 이로 인해 개발 속도가 느려지면서 생태계 확장성이 부족하다는 지적을 받기도 했다. 찰스 호스킨슨은 이더리움 공동창업자로서 상당한 업적과 인지도를 쌓은 뒤, 카르다노(Cardano) 프로젝트를 통해 독자적인 블록체인 생태계를 구축해 왔다. 그는 유튜브 방송, 트위터, AMA(Ask Me Anything) 같은 공개 채널을 적극 활용해, 개발 현황부터 업계 이슈, 자신의 철학까지 직접적으로 커뮤니티에 전달한다. 이러한 공개적 소통 방식은 "탈중앙화"를 표방하는 프로젝트에서 창업자의 개인 리더십을 강조하는 결과를 낳기도 한다.

이 점이 곧 "호스킨슨 중심의 중앙화가 아니냐"는 의혹으로 이어진다. 탈중앙화된 프로젝트라면 여러 주체가 의사결정에 참여해야 하는데, 호스킨슨 한 사람이 모든 정책·개발 로드맵을 주도하거나 해석해버리는 것처럼 보일 때가 있다는 것이다. 커뮤니티 내부에서는 DAO적 거버넌스를 실험하려는 움직임이 있지만, 실질 권한이 충분히 분산됐는지에 대해서는 여전히 이견이 크다. 호스킨슨은 "학문적 엄밀성과 커뮤니티 투명성은 장기적 신뢰를 쌓는 길"이라고 강조하며, 중앙화 논란을 극복하려는 의지를 보이고 있다.

디지털 자산과 전통 자산의 투자 흐름 변화

디지털 자산으로의 자본 유입이 지속되는 이유는 단순히 기술적 매력 때문만은 아니다. 투자자들은 높은 기대수익률, 제도권 편입 기대감, 그리고 탈중앙 기술이 제공하는 자유로운 거래 환경 등에 주목하고 있다.

채권 수익률이 상승해도 단기간 고수익을 노리는 투자자들은 여전히 디지털 자산을 선호하는 경향을 보인다. 또한, 비트코인 ETF 승인이나 기관들의 커스터디 서비스 확대 등으로 인해 "이제 디지털 자산 시장은 위험한 투기판이 아니다"라는 인식이 확산되고 있다. 블록체인 기반의 국경을 초월한 거래와 오픈소스 생태계의 혁신 가능성도 중요한 투자 요인이다.

물론, 우려의 시선도 여전하다. 자금세탁과 탈세에 활용될 가능성, 극심한 변동성 등으로 인해 여전히 "투기판"이라는 부정적 인식이 강하다. 그럼에도 불구하고, 거액의 자본이 꾸준히 유입되고 있다는 사실은 부정할 수 없다.

최근 2~3년 사이 글로벌 대형 자산운용사(BlackRock, Fidelity, ARK Invest 등)가 비트코인 현물 ETF 출시를 추진하고, 이미 선물 ETF는 미국 SEC의 승인을 받은 상태이다.

• 2024년 11월 기준으로 비트코인 현물 ETF의 총 운용 자산이 약 1,060억 달러(한화 약 140조 원)에 달했다는 보고가 있다. 금융권도 "투자자들의 문의가 예상보다 많다"고 전한다.

• 커스터디(Custody) 서비스 역시 피델리티·골드만삭스 등 기관들이 적극 뛰어들며, "디지털 자산도 은행처럼 안전하게 맡길 수 있다"는 인식을 확산시키고 있다.

이처럼 기관 자금이 본격 진입하면서, "디지털 자산은 투기판에 불과하다"는 기존 인식이 조금씩 바뀌어 가고 있다는 평가가 나온다. 다만, 대규모 해킹이나 대형 파산 사건이 또 발생할 경우, 기관들이 순식간에 철수할 리스크도 존재하기에 여전히 '양날의 칼'이라는 시각도 무시할 수 없다.

(출처: Los ETF de bitcoin…14/01/2025 Cinco Dias
    https://cincodias.elpais.com/)

탈중앙화의 미래는 어디로 향하고 있는가

만약 한국에서 일시적인 사건으로 인해, 코스피와 코스닥이 일시적으로 셧다운된다면, 불안해진 자본이 블록체인 메인넷으로 몰릴 가능성이 있다. 블록체인 시장은 24시간 중단 없이 거래가 가능하기 때문이다.

전통 금융 시스템에 대한 불신이 커질수록 "차라리 블록체인"이라는 선택지가 더욱 부상할 수 있다. 그러나 이처럼 시장이 확대될수록, "탈중앙화"라는 이념과는 반대로 소수의 창업자와 재단이 실질적인 지배력을 갖게 되는 모순적 상황이 더욱 뚜렷해지고 있다.

예컨대 국내 대규모 자본이 단기간에 블록체인으로 유입된다면, 극심한 가격 변동성과 유동성 쏠림이 발생할 수 있다. 프로젝트 재단과 대형 투자자가 초기 물량을 대거 보유하고 있으면, 의사결정이 탈중앙화와는 거리가 멀어진다. 이 과정에서 개발 로드맵이나 수익 배분이 창업자 의지에 좌우되어 커뮤니티 목소리가 묵살될 우려도 있다. 반면,

온체인 투표나 DAO를 적극 도입해 검증자와 투자자가 함께 정책을 정하는 시도도 확산 중이다. 결국 어느 한쪽에 집중된 권력을 분산시키려는 다양한 실험이 계속되며, 진정한 탈중앙화의 길을 모색하게 될 것이다.

거대한 자본 이동과 '권력형 중앙화'의 역설

디지털 자산 시장이 5,000조 원대 규모로 성장하면서, 몇 가지 중요한 흐름이 나타나고 있다.

첫째, 소수의 상위 메인넷이 자본을 흡수하며 빠르게 생태계를 확장하고 있다. 커진 시장 규모는 신생 프로젝트에도 자금이 몰리게 하면서, '탈중앙' 구호와 무관하게 재단·창업자에게 더 막강한 영향력을 부여한다. 일부 재단은 생태계 확장을 앞세워 막대한 토큰 수익을 확보하며, 프로젝트 지속 가능성보다는 빠른 이익 실현에 치중한다는 비판도 나온다. 이로 인해 커뮤니티 참여자들은 장기적 로드맵이나 지속 가능성보다는 단기 시세 상승에 집중하는 분위기가 커지고 있다.

둘째, 탈중앙화라는 명분과는 달리, 창업자와 재단이 강력한 통제력을 행사하고 있다.

셋째, 투자자들은 높은 수익을 기대하며 빠르게 자금을 투입하는 동시에, 전통 자산에서 디지털 자산으로 이동하는 흐름이 점점 강화되고 있다. 불안정한 세계 경제나 금리 변동기에 대체 투자처를 찾는 자금이 디지털 자산으로 빨려 들어오는 흐름이 더욱 뚜렷해지며, 메인넷 간 경쟁이 심화된다. 초창기 탈중앙화를 중시하던 노선과 VC·재단 중심의 '속도전' 노선이 충돌하는 양상을 보인다. 중앙화된 거버넌스로 인해 정작 커뮤니티 참여자들의 의견이 반영되지 못하는 사례가 늘어나, '이념과 현실' 괴리가 커지는 것이다. 더욱이 일부 프로젝트에서는 핵심 의사결정을 빠르게 추진하기 위해 재단이 커뮤니티의 투표 결과를 무시하거나 뒤집는 사례도 나타난다.

하지만, 메인넷별로 온체인 투표·DAO 모델을 점진적으로 도입하려는 움직임도 있어, 자본 집중 문제를 완화하려는 시도가 계속된다.

창업자 중심 운영은 단기간 빠른 성장에 유리하지만, 장기적으로 과도한 권력 집중이 프로젝트 신뢰도를 해칠 수 있다는 우려가 크다.

결국, 메인넷 생태계가 더욱 커질수록 개인 투자자와 기관이 거버넌스 구조를 면밀히 살펴보는 경향이 강화되고 있다. 일부 대형 VC나 기관투자자는 프로젝트 투자 시 "검증자·토큰 배분의 분산도"를 우선 확인하며, 지나친 창업자 독주 체제를 위험 요인으로 간주하기도 한다.

규제 당국 역시 이 같은 '권력형 중앙화'가 투자자 보호나 불공정 문제로 이어질 가능성을 주목하며, 메인넷 거버넌스 관련 가이드라인 도입을 검토 중이다.

이러한 '권력형 중앙화'의 역설은 해결되지 않은 채 시장이 확대되고 있어, 향후 규제와 제도화가 어떤 방향으로 작용할지 귀추가 주목된다.

핵심 포인트

»» 디지털 자산 시장은 이미 5,000조 원 시장으로 성장하였다.

»» 상위 10개 메인넷이 전체 시장의 81%를 차지하며, 탈중앙화의 이념과 실제 권력 구조 사이의 모순이 발생하고 있다.

»» 전통 금융 시장이 흔들릴 때, 일부 자본이 디지털 자산으로 이동하는 경향이 강해지고 있으며, 비트코인 ETF 등 제도권 편입 움직임이 이를 더욱 가속화하고 있다.

»» 창업자와 재단이 강한 영향력을 행사하는 구조에 대해 투명성 논란이 존재하지만, 빠른 생태계 확장에 기여한다는 옹호론도 여전히 유효하다.

독자별 활용 방안

개인 투자자는 메인넷의 거버넌스 구조와 투자 리스크를 면밀히 검토해야 한다. 특정 프로젝트의 창업자와 재단이 행사하는 영향력이 어느 정도인지, 투표 방식은 어떻게 이루어지는지를 확인하는 것이 중요하다.

기업 담당자는 디지털 자산 시장이 "투기판" 이미지를 벗어나려는 흐름을 적극 활용할 필요가 있다. 자체 프로젝트를 메인넷과 연계하거나 증권형 토큰(STO) 발행을 검토할 수 있지만, 특정 메인넷에 과도하게 의존할 경우 협상력이 떨어지고 규제 리스크가 커질 가능성이 있다.

정책 및 규제 담당자는 소수 메인넷의 독과점 문제와 개인 투자자 보호 사이에서 균형을 찾아야 한다. 탈중앙화의 본래 취지를 살리면서도, 건전한 경쟁을 유도할 수 있는 제도 설계가 과제가 될 것이다. 혁신을 저해하지 않으면서도 규제 공백을 방치하지 않는 방향을 모색해야 한다.

독자 입장에서 기억해야 할 체크포인트는 다음과 같다.

1. **시총 급등락이 잦음** → 여전히 변동성이 높으므로, "안전하다"는 섣부른 판단은 금물.

2. **소수 메인넷·재단 중심 구조** → "탈중앙" 구호와 달리, 실제 권력 집중이 심해진 사례가 많음.

3. **기관투자자 증가** → ETF 승인, 커스터디 확산 등으로 시총 상승의 동력이 되지만, 규제나 시장 충격이 생기면 빠르게 이탈 가능.

4. **규제의 향방** → 미국 SEC·CFTC·EU MiCA, 한국 금융위 등 주요 규제 기조가 불확실성을 줄여 나가면 시장이 더 커질 여지도 큼.

이러한 점들을 염두에 두고, 다음 장(2장)에서는 증권형 토큰(STO)과 실물 자산 토큰화(RWA)가 전통 금융과 어떻게 융합할 수 있는지 자세히 살펴볼 것이다.

다음 장 미리보기

STO와 RWA, 제도권 편입의 현실과 가능성

증권형 토큰(STO)과 실물 자산 토큰화(RWA)가 금융 시스템에 편입되는 과정에서 어떤 제도적 과제가 존재할까?

전통 자산이 블록체인에서 본격적으로 운용된다면, 이 시장의 성장은 어디까지 가능할까?

탈중앙화와 중앙화의 대립은 새로운 국면을 맞이할 것인가?

다음 장에서는 이러한 질문에 대한 심층적인 분석과 최신 통계를 통해 시장의 변화를 전망한다.

2장

STO와 RWA , 규제 공백 속 거대 잠재력

증권형 토큰(STO)과 실물자산 토큰화(RWA)가
자본시장 디지털화의 엔진이 되어,
법·회계·기술적 공백을 뚫고 급부상한다.
전 세계 기업과 투자자들이 합법적 자금 조달"과
"무한 확장성"을 이유로 STO·RWA 생태계에
뛰어들고 있다.

2장 STO와 RWA , 규제 공백 속 거대 잠재력

디지털 자산 시장이 급성장하면서 전통 금융과의 경계가 점점 흐려지고 있다. ICO(Initial Coin Offering) 시절에는 규제에서 자유로운 자금 조달이 강조되었지만, 최근 미국 SEC(증권거래위원회)와 유럽 금융당국이 디지털 자산을 증권으로 간주하는 움직임을 보이며 분위기가 크게 변화했다. 이제 "STO(Security Token Offering)"와 "RWA(Real World Asset) 토큰화"가 새로운 금융 혁신의 키워드로 떠오르고 있다.

1. STO(증권형 토큰) 개념과 도입기 : 블록체인판 IPO

STO와 RWA란 무엇인가

STO: 블록체인판 IPO

기업 지분, 부동산, 채권 같은 자산을 블록체인 기반의 토큰 형태로 발행하는 방식이다. 기존 ICO와 달리 증권법 테두리 안에서 합법적으로 거래되도록 설계되며, "블록체인판 IPO"라고도 불린다.

불과 몇 년 전, ICO(Initial Coin Offering)는 백서(White Paper)만으로도 막대한 자금을 모으며 급성장했다. 하지만 실제 사업 실행이 없거나 내부자들의 이익 편취로 끝나는 사례가 빈번해지면서 투자자 피해가 급증했다.

미국과 유럽의 금융 당국은 ICO가 미등록 증권일 가능성을 지적하며 강력한 규제를 시행했다. 이에 따라 규제 공백 속에서 성장했던 ICO 시장은 빠르게 위축됐다. 이러한 규제 환경 변화 속에서 등장한 STO는 블록체인 기반으로 기업 지분, 부동산, 채권 등 전통 자산을 토큰화하여 발행하는 방식이다. 기존 ICO와 달리, 증권법 테두리 내에서 SEC의 승인과 등록 절차를 거쳐 발행된다.

미국에서는 tZERO, INX와 같은 프로젝트가 SEC 승인을 통해 STO를 성공적으로 진행하고 있으며, 전통 금융의 규제 기준 및 투자자 보호 원칙을 철저히 준수하고 있다. 이를 통해 STO는 제도권 금융과 디지털 자산 시장 간의 실질적인 융합을 추진하고 있다.

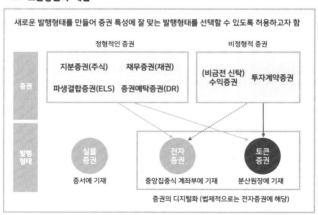

그림 5 : 토큰증권의 개념

(출처: 금융위원회 23.2 토큰 증권 발행유통, 규율체계 정비 방안)

2. RWA(실물자산 토큰화)의 등장 배경 및 금융 혁신

RWA: 실물 자산 토큰화

부동산, 채권, 예술품, 탄소배출권 등 실물 자산을 블록체인 상에서 조각화해 소액 단위로 거래할 수 있도록 만드는 방식이다. 국제결제은행(BIS)은 2023년 보고서에서 "전통 자산을 디지털화하면 결제 및 정산 효율이 오르고, 금융 서비스가 다양화된다"고 평가했다. 한국 금융위원회도 "토큰증권(STO)을 통해 실물 경제 자산의 디지털 유통 방안을 검토 중"이라고 밝힌 바 있다.

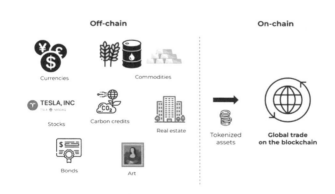

그림 6 : 오프체인 자산의 온체인화:암호화폐의 실제 자산에 대한 기회(23.7) https://apollocrypto.com/exploring-the-real-world-assets-rwa/

부동산 지분을 100개 토큰으로 발행하면 여러 투자자가 소액으로 참여할 수 있고, 미술품도 조각 투자를 통해 보다 쉽게 거래될 수 있다.

STO와 RWA의 차이점

STO는 증권형 토큰 발행에 초점을 맞추고 있으며, RWA는 실물 자산을 디지털 조각화 하는 데 집중한다. 그러나 STO 방식으로 RWA를 발행하는 경우도 있어 두 개념이 일부 겹치기도 한다.

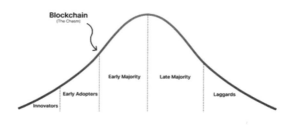

그림 7 : RWA 등장배경 : 블록체인 시장의 매스어답션(Mass adoption)

규제 공백 속에서 빠르게 움직이는 시장

전 세계가 STO와 RWA를 적극적으로 수용하고 있는 것은 아니다. 미국에서는 SEC와 CFTC(상품선물거래위원회)의 관할권 충돌로 인해 규제 확립이 지연되고 있다. 유럽연합(EU)은 2023년 MiCA(Markets in Crypto-Assets) 법안을 시행했지만, 증권형 토큰과 결제형 토큰의 구분과 발행자의 법적 의무가 더욱 엄격해질 전망이다. 한국도 "토큰증권"이라는 개념을 도입해 자본시장법 체계로 편입하려 하고 있지만, 거래소 라이선스나 투자자 보호 규정이 아직 확정되지 않았다.

토큰증권(STO)을 시작으로 한 디지털 자산 시장의 확대(2024.10.25)

https://www.samsungsds.com/kr/insights/what-is-a-security-token-offering.html

그럼에도 불구하고 시장은 이미 빠르게 움직이고 있다. 미국에서는 tZERO와 INX가 STO를 추진하고 있으며, 다양한 RWA 프로젝트가 등장하고 있다. 규제는 아직 미완성이지만, 기업과 투자자들은 기회를 선점하기 위해 발 빠르게 움직이고 있다.

● (예상) 토큰증권 발행/유통 체계

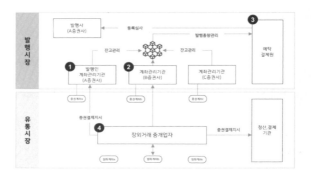

	주요 참가기관	
❶ 발행인 계좌관리기관	• 발행인이 계좌관리기관으로서 자기발행 증권에 관한 정보를 분산원장에 직접 기재 및 관리	
❷ 계좌관리기관	• 고객 지갑 관리 • 토큰증권 분산원장 고객계좌부 기재관리 • 공모/청약/배정 업무 수행 • 토큰증권 거래 체결 및 이전 (계좌대체)	
❸ 전자등록기관 (KSD)	• 토큰증권 발행 및 유통 총량관리 • 토큰증권 분산원장 자기계좌부 기재관리	
❹ 장외거래 중개업자	• 투자계약증권, 수익증권에 대한 다자간 상대매매 중개 • 매매체결에 대한 증권결제 처리 요청 (계좌관리기관 통지)	

그림 8 : 토큰증권의 발행·유통 체계(출처: 삼성SDS 금융컨설팅팀)

해외 주요 금융인프라기관 대응 현황		
국가	기관	주요현황
미국	DTCC	• 상호운영기술 확보를 디지털 자산 핵심 추진 전략으로 정의 • 상호운용기술 연구를 위한 이니셔티브 운영 • TestNet을 구축하여 기술연구 확장 지원
스위스	SIX Group	• 미국 DTCC, Eurodear와 함께 상호운용성 기술 공동연구 • 중앙예탁기관의 전자증권·토큰증권 플랫폼 운영 및 관리
독일	Deutsche Börse	• 레거시 시스템과 토큰증권 간 서비스 연계를 통한 시장 활성화 시도 • SIX Group 산하 토큰증권 발행·유통 플랫폼 운영
싱가포르	MAS	• 싱가포르 통화감독청(MAS) 주도 프로젝트 가디언을 통해 다양한 메인넷 간 상호운용기술 연구

그림9: 해외 주요 금융인프라 기관의 대응 현황

(출처: 삼성SDS 금융컨설팅팀)

3. 기업·투자자가 STO·RWA에 뛰어드는 이유

규제가 명확하지 않은데도 기업과 투자자들이 STO와 RWA에 적극적으로 뛰어드는 이유는 명확하다.

첫째, 합법적인 자금 조달이 가능해진다. 과거 ICO와 달리 법적 테두리 안에서 투자금을 유치할 수 있어 신뢰도를 확보할 수 있다.

둘째, 실물 자산의 유동성이 극적으로 증가한다. 전통적으로 접근하기 어려웠던 부동산이나 미술품이 누구나 소액으로 투자할 수 있는 형태로 변화하면서 새로운 투자 기회가 열린다.

셋째, 규제가 정비되면 제도권 금융과 경쟁할 수 있는 수준까지 성장할 가능성이 크다. 이미 PwC 보고서에서는 "STO의 누적 발행 규모가 연내 1,000억 달러를 넘을 것"이라는 전망(조각투자의 이해와 STO시장 전망, 2024)을 내놓았으며, RWA 시장은 5년 내 10배 성장할 가능성이 있다는 분석도 나왔다.

STO가 전통 자산 시장을 대체할 것인가

전통 금융과 STO·RWA 간의 관계를 두고 논쟁이 이어지고 있다.

일각에서는 새로운 투자처(STO·RWA)가 등장하면 기존 주식·채권 시장이 위축될 것이라고 주장한다. 반면, 주식과 채권이 STO와 병행되면서 전체 시장 규모가 더욱 커질 것이라는 반론도 제기된다.

현실적으로는 금리 상승 등으로 전통 자산의 매력이 감소할 때 대체 투자처로 STO·RWA가 부상할 가능성이 크다. 하지만 전통 금융 시장이 완전히 사라지지는 않을 것이다. 규제와 투명성이 확보된 STO 프로젝트에는 자금이 몰릴 가능성이 높지만, 그렇지 않은 프로젝트들은 도태될 위험이 크다.

아직 도입기지만 거대한 잠재력

STO와 RWA는 전통 금융과 디지털 자산을 연결하는 결정적인 가교 역할을 할 가능성이 높다. 아직은 규제 공백과 투자자 신뢰 부족이라는 장벽이 존재하지만, 제도화가 이루어지고 성공적인 사례가 축적되면 금융 시장의 패러다임을 바꿀 수도 있다.

"각국이 STO와 RWA 규제를 본격적으로 정비하면서, 무허가 ICO 시대와 달리 합법적으로 증권형 토큰을 발행할 길이 열리고 있다. 이를 연도별 로드맵으로 정리하면, 2020년 전후 ICO 단속이 시작된 뒤 2021~2023년 법제 정비, 그리고 2024년 이후 본격 확산으로 이어지는 흐름이 보인다.

실제로 미국은 SEC 등록 STO를 통해 기업들이 주식·채권·부동산을 토큰화하는 모델을 시도하고 있고, 유럽(EU)은 MiCA 법안이 시행됨에 따라 전역적으로 통일된 규칙을 적용할 전망이다. 한국 역시 자본시장법 개정과 '토큰증권 가이드라인'을 통해 STO를 제도권에 편입하려 하며, 일본은 이미 금융상품거래법(FIEA) 아래에서 전자증권을 발행·유통하는 인프라를 어느 정도 갖춘 상태다.

아래 표와 같이, 각국은 자국 금융법에 따라 증권형 토큰의 정의, 발행자 등록 의무, 투자자 보호 규정 등을 조금씩 다르게 운영한다. 그러나 궁극적으로는 *'기존 금융상품과 유사한 수준의 규제 프레임'*을 지향한다는 공통점이 있다. 이처럼 제도적 기반이 마련됨에 따라, 기관투자자 자금이 본격적으로 STO·RWA 시장에 유입되고, 디지털 자산 시장이 투기판 이미지를 벗어나는 계기가 될 수 있다는 전망이 힘을 얻고 있다."

저자코멘트

"저 역시 컨설팅 프로젝트로 금융기관 CBDC 발행 및 STO관련 프로젝트를 맡았을 때가 있었습니다. 그때 디지털 자산 관련 절차가 얼마나 복잡한지 직접 겪어보니, '왜 이걸 시도하는 팀이 적을까'라는 의문이 바로 풀렸습니다.

하지만 제도권 틀이 정비된 뒤 진행할 STO라면 자금이 크게 몰릴 것 이라고 보았고, 결과적으로 정부 규제하에 얼마나 빠르게 시장이 성장하는지 체감하였습니다. 이후에는 최근의 시장 폭발력을 실감할 수 있었습니다.

각국 STO·RWA 규제 비교 테이블

아래 표는 미국, 유럽연합(EU), 한국, 일본, 싱가포르 등
주요 지역의 STO(증권형 토큰)·RWA(실물자산 토큰화) 관련 현
황과 규제 핵심 예시이다.

표2 :STO·RWA 규제 비교, 시기별 로드맵

구분	미국 (SEC/CFTC)	EU (MiCA 중심)	한국(자본시장법·특금법 등)
STO 정의	디지털 자산이 "투자계약 증권"에 해당하면 SEC 등록 필요. Tzero, INX 등 사례	증권형·유틸리티형·결제형 토큰으로 구분. STO = "Security Token"으로 분류됨.	2023~2024년 금융위 "토큰증권" 제도화 추진. 증권 성격 뚜렷하면 STO로 간주
RWA 규정	부동산·채권 등 "자산백된 토큰"은 SEC·州당국 인가 요건 강화.	MiCA는 RWA를 "자산참조토큰(ART)"으로 구분. 발행자 자본금, 준비금 규정 존재.	"실물자산 토큰화"를 자본시장법 테두리 안에 편입할 예정. 기초자산 공개 의무 등
적용 사례	INX, Tzero(공개 STO), RWA형 토큰 일부(부동산 조각투자)	프랑스, 독일 등 일부 은행이 디지털 채권 발행 시도.EU-wide 여건 갖춰지는 중	한국거래소(KRX) STO 시범, 카카오·두나무 등 민간 플랫폼 준비 중. 레귤러토리 샌드박스 검토

표3: STO·RWA 시기별 발전 로드맵

연도 및 시기	주요 내용
2020년 전후 (ICO 열풍 이후)	무규제 ICO 시대의 잔재. STO 개념은 있지만, 제도화 미흡.
	미국: SEC가 일부 ICO를 무허가 증권으로 규정하며 소송 시작.
	EU: MiCA 초안 단계, 회원국별로 별도 조치.
	한국: ICO 전면 금지 기조, 자본시장법상 STO 개념 부재.
2021~2023년 (법제 정비 시기)	미국: tZERO, INX 등 SEC 등록 STO 등장. CFTC와 관할권 충돌 고조.
	EU: MiCA 법안 합의, 2024년 시행 목표.
	한국: '가상자산업법' 초안, '토큰증권 가이드라인' 발표. 샌드박스 시도.
	일본: STO 법제 확립(금융상품거래법 개정). 대기업 참여 활발.
2024년 이후 (현재~)	본격적인 STO 확산 시기 진입, 기관투자자 자금 유입 증가.
	EU: MiCA 정식 발효, 대형 증권거래소가 STO 거래소 라이선스 획득.
	한국: 자본시장법 개정안 통과 시, 공모형 STO도 허용 가능성.
	싱가포르·홍콩 등 금융허브: RWA 토큰화 실증 사례 증가 예상.

네 가지 주요 특징

① **자산 유동화**: 기존에는 대규모 자본이 있어야 접근할 수 있었던 부동산, 미술품, 채권 등의 자산을 소액으로 쪼개 누구나 투자할 수 있도록 만든다.

② **글로벌 접근성**: 국경을 초월한 거래가 가능해지며, 글로벌 투자 시장이 확대될 수 있다.

③ **개인 및 기관투자자 확대**: 조각 투자 시스템이 도입되면서 개인 투자자가 쉽게 참여할 수 있으며, 기관투자자들도 제도적 보호를 받게 되면 적극적으로 시장에 진입할 가능성이 높아진다.

④ **새로운 금융 생태계 형성**: 증권사, 은행, 거래소가 협업하는 하이브리드 모델이 형성될 수 있으며, 기관투자자들도 디지털 자산을 합법적으로 운용할 수 있는 환경이 조성될 것이다.

하지만, 아직 법, 회계, 기술적 지원이 미흡하기 때문에 신중한 접근이 필요하다. 규제와 신뢰가 확립되지 않은 상태에서 성급하게 뛰어들 경우 실패 위험이 크지만, 반대로 제도가 안정화되면 폭발적인 성장이 일어날 수 있다는 공감대가 형성되고 있다.

STO와 RWA가 투자자산으로 자리 잡으면 "디지털 자산은 단순한 투기가 아니다"라는 인식이 확고해질 수 있다. 기관투자자들도 금융당국이 인정하는 한에서 대규모 자금을 투입할 가능성이 크다. 아직은 규제가 확립되는 단계다. 미국 SEC, 유럽연합, 한국 금융당국의 최종 결정에 따라 시장의 성장 속도가 달라질 것이다. 규제가 너무 강하면 산업 성장이 저해될 수 있고, 규제가 너무 느슨하면 과거 ICO 사태처럼 투자자 피해가 증가할 위험이 있다.

그림10: RWA 이미지

핵심 포인트

»→ STO는 증권법 아래에서 자산을 블록체인 토큰으로 발행해 합법적인 투자상품으로 만들려는 모델이다.

»→ RWA는 실물 자산을 디지털 조각화해 유동성을 높이는 개념이며, 금융당국도 긍정적으로 평가하고 있다.

»→ 아직 규제 공백이 존재하지만, PwC 등 주요 보고서에서는 STO·RWA 시장의 폭발적인 성장을 전망하고 있다.

»→ 전통 금융 시장을 즉시 대체하기는 어렵지만, 대체 투자처로 빠르게 자리 잡을 가능성이 높다.

다음 장 예고

디지털 자산 시장, 신뢰의 조건을 재정의하다

디지털 자산 시장이 금융기관의 신뢰를 얻기 위해 필요한 것은 무엇인가?

보안, 투명성, 거버넌스—이 세 가지 요소는 디지털 자산의 제도권 편입을 결정짓는 핵심 요인이다.

금융기관이 디지털 자산을 안전한 투자 대상으로 인정하려면 어떤 변화가 필요할까?

다음 장에서는 글로벌 금융기관의 입장에서 디지털 자산을 수용하기 위한 필수 요건을 짚어본다.

3장

글로벌 자본 이동과
미국 국채

미 국채가 매력 하락을 겪으며,
디지털 자산이 대체 투자처로 부상하는
흐름이 현실화된다.
SEC vs. 월가 갈등과 한국 파생상품
규제 경험은, 국채 시장과 디지털 자산 시장이
하나의 지형으로 이어지는 변화를 예고한다.

3장 글로벌 자본 이동과 미국 국채

1.미국 국채 신용등급 강등, 매력 하락 요인

한때 절대적인 안전자산으로 여겨지던 미국 국채가 흔들리면서, 미국은 국채의 새로운 판로로 디지털 자산을 꼽고 있다. 금리 변동성과 신용등급 하락이 겹치면서 국채는 매력도가 떨어졌고[2], 기관투자자와 글로벌 자금은 새로운 기회를 모색하는 중이다. 그러나 미국 금융·규제 당국은 여전히 디지털 자산을 신뢰하지 않으며, 글로벌 금융 시장에서도 기존의 파생상품 규제 경험을 바탕으로 신중한 접근이 요구되고 있다.

코로나19 이후 미국 정부의 연방 부채가 급증(GDP 대비 120% 이상)했고[1], 2023년 피치(Fitch)의 신용등급 강등이 겹치며 **미 국채의 절대적 지위**가 흔들리는 양상을 보였다.[3]

미국 국채 수익률 변동 그래프

†예: 10년물 국채 수익률이 2021년 ○% → 2023년 ○%로 상승, 그에 따라 채권 가격이 하락

†과거 2011년 S&P 신용등급 강등 사례와 비교했을 때, 이번엔 **코로나19 재정 지출·금리 인상**이 복합 작용해 충격이 더 크게 올 수도 있다는 분석이 나온다.

이처럼 "전통적으로 안전자산으로 간주되던 국채가 흔들린다"는 인식이 확산되면서, 대체 투자처로서 디지털 자산이 다시금 조명받는 계기가 되었다고 보는 견해가 많았다.

이 장에서는 미국 국채가 왜 매력을 잃었고, 미국은 디지털 자산을 통해 그 공백을 어떻게 채워가고 있는지를 살펴본다. 국채 시장과 디지털 자산 시장이 별개처럼 보이지만, 실상은 긴밀하게 연결되어 있음을 확인할 수 있다.

미국 국채 시장이 불안해지면서 정확히 어느 정도 자금이 디지털 자산으로 흘러가는지 **정량 추정**을 제시하면 독자의 이해를 높일 수 있다.

†예) Chainalysis나 Glassnode 등 온체인 분석 업체가

"국채 수익률 하락기에 특정 시점 비트코인 거래량이 급증했다"는 식의 데이터를 발표한 사례.[4]

† 일본의 주요 금융기관들은 비트코인과 이더리움 현물 ETF의 도입을 적극적으로 논의하고 있다. 미쓰비시 UFJ 은행, 미쓰이 스미토모 은행, 비트플라이어, 노무라 증권, SBI 증권 등은 공동 문서를 통해 비트코인과 이더리움 현물 ETF의 도입이 투자자들의 중장기 자산 축적에 적합하다고 강조하였다.[5]

물론 아직까지 "미국 국채의 대규모 이탈 → 디지털 자산 유입"이 결정적이라고 단정 지을 만한 통계는 부족하나, 다양한 온체인·시장 데이터가 "부분적 흐름"을 시사한다는 점에서 의미가 있다.

2. SEC vs. 월가, 은행과 거래소 갈등

미국 금융권의 불신: 디지털 자산을 받아들일 것인가

SEC와 월가의 대립

미국 금융권에서는 디지털 자산을 두고 두 개의 파벌이 형성되고 있다.

그림10: 달러와 비트코인이미지

SEC(미국 증권거래위원회)는 디지털 자산이 증권법을 준수하지 않는다는 이유로 무허가 증권 소송까지 제기하며 강경한 태도를 유지하고 있다. 특정 프로젝트와 법적 공방을 벌이며 규제 권한을 확대하려는 움직임도 포착된다.

반면, 월가의 투자은행과 커스터디 업체들은 비트코인 ETF 승인 발표 때마다 시장이 출렁이는 모습을 보면서 무시할 수 없는 시장으로 판단하고 있다. JP모건과 골드만삭스의 책임자들은 "예전에는 코인을 무시했지만, 이제 고객들이 계속 묻기 때문에 우리도 진지하게 검토할 수밖에 없다. 고액자산가·패밀리오피스 대상 비트코인 파생상품을 제공하기 시작했다"고 말한다.

실제로 2022~2024년 사이 골드만삭스, JP모건, 모건스탠리 등 월가 주요 IB(Investment Bank)가 디지털 자산 부서(또는 '디지털 에셋' 관련 부문)를 신설·확대했다는 점이 주목할 만하다.[6]

- 예) JP모건은 2022년부터 고액자산가(Private Banking) 고객에게 암호화폐 펀드·파생상품에 대한 운용 옵션을 제한적으로 제공.[7]

- 블랙록(BlackRock)은 현물 비트코인 ETF 신청서를 SEC에 접수했으며, "투자자들의 대안자산 수요가 꾸준히 증가하고 있다"고 공식 발표했다.[8]

이 같은 월가의 움직임이 "국채 대안 찾기"와 맞물려, 스테이블 코인이나 비트코인 같은 디지털 자산이 대체 투자처로 부상하는 흐름을 가속하는 측면이 있다는 평가다.

은행과 거래소 간 갈등

은행들은 디지털 자산 시장의 변동성이 크고, 자금세탁방지(KYC/AML) 문제로 인해 거래소의 계좌 개설을 꺼리고 있다. 업비트·빗썸·코인원·코빗 등 주요 거래소는 금융위가 발표한 STO 가이드라인을 환영한다는 입장을 밝혔다. 한 거래소 관계자는 관리·감독이 강화되더라도 자금세탁 방지와 투자자 보호 수준을 높이면 기관투자자나 법인 고객도 유치하기 쉬울 것이라며, 기본적으로 STO가 제도권으로 편입되는 데 찬성한다고 말했다.

국채 시장의 불안정성과 디지털 자산의 기회

코로나19 이후, 미국 국채의 매력 하락

코로나19 팬데믹 기간 동안 미국 정부는 대규모 재정 지출을 단행했다. 수조 달러 규모의 재난 지원금과 실업수당이 풀리면서 연방정부 부채는 33조 달러(GDP 대비 약 120%)를 기록했다. 이러한 상황에서 "국채 발행만으로 재정을 유지할 수 있는가"라는 지속 가능성에 대한 의문이 커지고 있다.

연준(Fed)의 금리 인상은 새로운 국채의 이자 비용을 급등 시키고, 기존 국채 가격을 하락 시키는 결과를 초래했다. 투자자들은 과거처럼 미국 국채를 절대적인 안전자산으로 간주하기 어려운 상황에 놓였다.

피치(Fitch)의 신용등급 강등과 시장 반응

2023년, 국제 신용평가사 피치(Fitch)는 미국 국채의 신용등급을 AAA에서 AA+로 하향 조정했다. 이 소식이 전해지자, 글로벌 투자자들은 국채의 안전성을 재검토하기 시작했다.

그림11: 출처 KBS뉴스 2023.08.02

https://news.kbs.co.kr/news/pc/view/view.do?ncd=7738348&utm_
source=chatgpt.com

한 국제 투자 포럼에서 참가자들은 "이제 국채가 무조건 안전하다고 볼 수 있는가"라는 질문을 던졌고, 일부 기관투자자는 국채 비중을 줄이는 한편, 스테이블 코인이나 비트코인과 같은 대체 투자처를 모색하기 시작했다.

디지털 자산은 여전히 변동성이 크지만, 공급량이 제한되어 있다는 점, 글로벌 거래가 가능하다는 점에서 일부 투자자들에게는 매력적인 대안으로 떠오르고 있다.

미국 정부의 대응:
스테이블 코인과 국채의 연계 가능성

미국 정부는 국채 시장의 불안을 해소하기 위해 스테이블 코인을 제도화하려는 움직임을 보이고 있다. 국채를 기초자산으로 하는 스테이블 코인이 확산되면, 자연스럽게 국채에 대한 수요가 늘어나기 때문이다.

또한, 연준의 금리 정책도 디지털 자산 시장과 연계될 가능성이 있다. 인플레이션을 억제하기 위해 금리를 높였지만, 장기적으로는 국채 발행 부담이 커지므로 결국 금리를 내릴 수밖에 없을 것이다. 금리가 낮아지면 디지털 자산이 반사이익을 얻을 가능성이 크다.

3. 한국 파생상품 규제 경험, 국채–디지털 자산
연계 가능성

한국의 시각: 파생상품 규제 경험을 떠올리며

2008년 금융위기 이후, 한국은 파생상품 규제 경험을 바탕으로 디지털 자산에 대해 신중한 태도를 유지해왔다. 과거에는 무조건적인 규제 중심의 접근이 우세했지만, 최근에는 특금법 도입과 함께 STO(토큰증권) 및 NFT 같은 디지털 자산을 제도권 안으로 편입하는 방향으로 변화하고 있다.

한국도 국채 수익률이 요동칠 때, 일부 기관·개인 투자자가 디지털 자산에 관심을 보이는 움직임이 있었다는 분석이 나오고 있다.

- 예) 2023년 초, 국내 은행이 국채금리 변동으로 인해 예·적금 금리를 조정하자, 일부 고액자산가들이 해외 디지털 자산 펀드를 검토했다는 업계 인터뷰.[9]

- 파생상품 규제 경험: 2008년 글로벌 금융위기 이후 한국이 금융당국 주도로 파생상품(ELS, DLS 등) 규제를 강화했던 전례가, 디지털 자산 규제 정비에 반영되고 있다. 이로 인해 투자자 보호와 산업 육성 사이에서 균형을 찾으려는 논의가 계속 이어지는 중이다.[10]

이처럼 한국 사례를 보면, "국채 시장이 흔들릴 때 디지털 자산으로의 자금 이동이 '실제'로 일어난다기보다는, 다양한 대안 중 하나로 부상할 수 있다는 가능성을 검토하는 분위기"라고 이해할 수 있다.

그림12 : ▲미국 워싱턴D.C.에서 미국 증권거래위원회(SEC) 건물 외벽에 인장이 부착돼 있다. 워싱턴D.C./AP연합뉴스

금융당국 내부에서도 "투자자 보호가 최우선이지만, 산업 육성도 고려해야 한다"는 목소리가 커지고 있다. 특히, 자본시장법을 적용해 STO·NFT 시장을 활성화하는 방안

이 논의되면서, 디지털 자산을 대체 투자처로 인정하는 분위기가 형성되고 있다.

흔들리는 국채, 떠오르는 디지털 자산

미국 국채의 절대적인 안전성에 대한 신뢰가 흔들리면서, 글로벌 자본은 분산 투자 전략을 모색하고 있다. 디지털 자산은 기존 금융 시장과는 다른 매력을 제공하며, 국채 시장이 불안정할 때 하나의 대안으로 떠오를 수 있다는 가능성을 보여준다.

SEC와 같은 규제 기관들은 여전히 디지털 자산을 경계하고 있지만, 월가의 대형 금융사들은 이를 외면하기 어려운 현실을 인정하고 있다. 한국 역시 과거의 파생상품 규제 경험을 반영하며 디지털 자산의 제도권 편입을 준비 중이다.

1. 장점

o 글로벌 24시간 거래: 주말·공휴일 없이 언제든 거래 가능해, 유동성 확보에 유리.

o 공급량 제한(비트코인 등): 인플레이션 헤지 수단으로 여겨지는 측면.

o 탈중앙성(검열 저항): 일부 투자자에게는 국가·은행 리스크 회피수단.

2. 단점

o 높은 변동성: 주가 대비 변동 폭이 훨씬 큼.

o 해킹·스캠 리스크: 대형 해킹이나 부정행위 시 자금 회수가 어려울 수 있음.

o 규제 불확실성: SEC·금융당국에 의해 언제든지 추가 제재, 소송이 가능.

이처럼 디지털 자산이 갖는 특유의 장점이 국채 대체수단으로서 부각될 수도 있지만, 동시에 단점(높은 변동성. 미성

숙한 규제 등)이 존재해 아직은 조심스럽게 접근하는 흐름이
일반적이다.

핵심 포인트

➻ 미국 국채의 매력이 하락한 이유는 코로나19 이후의 재
정 폭증, 금리 인상, 해외 투자자 이탈 등의 복합적인 요
인 때문이다.

➻ 국채 시장이 흔들리면서 일부 자금이 스테이블 코인이
나 비트코인으로 이동하는 흐름이 감지되고 있다.

➻ 미국 정부는 스테이블 코인을 활용해 국채 수요를 유지
하려 하고 있으며, 파생상품 규제 경험을 반영해 디지털
자산의 제도화를 모색하고 있다.

➻ 국채 시장이 불안해지면 글로벌 자본은 다양한 대체 투
자처를 찾게 되고, 디지털 자산이 그중 하나로 부상할 가
능성이 높다.

독자별 활용 방안

개인 투자자

· 국채 금리 변동으로 인해 일부 자금이 디지털 자산으로 이동할 가능성이 있음을 인지해야 한다.

· 디지털 자산을 투자 다변화의 수단으로 활용하되, 규제 확립과 프로젝트 신뢰도를 면밀히 점검할 필요가 있다.

기업 담당자

· 해외 국채 보유 비중이 큰 기업들은 자산 포트폴리오의 일부를 디지털 자산으로 전환하는 방안을 고려할 수 있다.

· 스테이블 코인 결제 모델이나 블록체인 기반의 자산 관리 시스템을 도입할 가능성을 검토할 필요가 있다.

정책·규제 담당자

· 국채 시장과 디지털 자산 시장의 연관성을 고려해 균형 잡힌 정책을 마련해야 한다.

스테이블 코인 제도화, 디지털 자산 커스터디 라이선스 등의 법·정책적 대응이 필요하다.

다음 장 예고

AI와 블록체인의 결합, 보안의 새로운 기준을 만들다

AI가 블록체인 보안을 강화하면 시장에 어떤 변화가 일어날까?

자율 학습과 이상 탐지 기능을 갖춘 AI가 블록체인의 보안과 거버넌스를 재편하는 시대가 오고 있다.

5장에서는 AI가 디지털 자산 시장의 보안 시스템을 어떻게 혁신하는지, 그리고 이를 통해 거버넌스가 어떻게 변화할지를 분석한다.

이제, AI는 단순한 보조 기술이 아니라 블록체인 보안의 핵심이 될 것이다.

4장

규제 SOLID LOCK과
메인넷 선택 :
정부·금융기관의 새로운 게임판

SOLID LOCK 전략(보안·운영·유동성·거버넌스·생
태계)을 충족해야, 기관자금이 안심하고

디지털 자산 시장에 유입된다.

메인넷 선택과 회계·세무 이슈가

법인·정부·개인 모두의 큰 과제로 떠오르며,

새로운 금융·정책 게임판이 열린다.

4장 규제 SOLID LOCK과 메인넷 선택:
정부·금융기관의 새로운 게임판

디지털 자산 시장이 수 천조 원 규모로 성장하면서, 금융기관과 정부가 단순히 투자자 보호나 단속만으로는 대응할 수 없는 단계에 접어들었다. 이제 은행과 증권사, 기관투자자들도 디지털 자산 시장에 본격적으로 참여할 방법을 고민하고 있다. 문제는 보안, 규제, 유동성, 거버넌스 등 해결해야 할 과제가 너무 많다는 점이다.

기관투자자들은 "규제 리스크가 낮고, 보안이 확실하며, 안정적인 수익 모델이 있는 환경"을 원한다. 정부 역시 투자자 보호와 혁신 사이에서 적절한 균형점을 찾으려 하고 있다. 이러한 배경에서 등장한 개념이 바로 **SOLID LOCK**이다.

이 장에서는 정부와 금융기관이 안전하게 디지털 자산을 수용하기 위해 어떤 원칙을 세우고 있는지, 그리고 기관투자자가 선호하는 메인넷 조건이 무엇인지 구체적으로 살펴본다.

1.SOLID LOCK의 5가지 핵심 요소(SOLID)

왜 SOLID LOCK인가?

기관투자자들이 디지털 자산 시장에 쉽게 뛰어들지 못하는 가장 큰 이유는 세 가지다.

· 보안 리스크

해킹이나 내부자 사고가 발생하면 금융기관의 브랜드 이미지에 치명적인 타격을 입을 수 있다.

· 규제 불확실성

합법 여부가 명확하지 않으면 CFO가 투자 결정을 내릴 수 없다.

· 장기 수익 모델 부재

코인 가격이 하루아침에 반 토막 나는 상황에서 기관들이 안심하고 투자하기 어렵다.

SOLID LOCK은 이 문제를 통합적으로 해결하는 전략이다. **보안, 운영 감시, 유동성, 거버넌스, 생태계 구축을 종합적으로 강화해, 기관투자자가 디지털 자산을 "안심하고 LOCK(정착)"할 수 있도록 설계된 모델이다.**

SOLID LOCK의 다섯 가지 핵심 요소

S – Secure & Transparent Custody

자금을 어디에, 어떻게 보관해야 안전할까?

- 멀티시그(Multisig): 여러 키의 동시 서명이 필요해 내부자의 단독 탈취가 불가능하다.

- 콜드스토리지(Cold Storage): 네트워크에서 분리된 물리적 장치에 자산을 보관해 해킹 위험을 줄인다.

- 외부 감사 및 실시간 모니터링: 회계 및 보안 전문가

가 정기적으로 점검해 투명성을 보장한다.

한 대형 증권사 부사장은 "수천억 원을 디지털 자산으로 운용할 수 있느냐"는 질문에 이렇게 답했다.

"단 1원이라도 해킹 사고가 나면 언론이 난리 날 겁니다. 멀티시그나 콜드스토리지 같은 보안 조치가 필수입니다."(익명사례)

O - Operational Oversight

운영 리스크는 누가 감시하고 책임지는가?

- **내부 통제 시스템**: 내부 감사, 실시간 계정 모니터링 등의 강화

- **외부 기관 검증**: 은행과 동일한 수준의 규제 준수 기준 적용

- **KYC/AML 준수**: 불법 자금 유입 및 자금세탁 방지 시스템 구축

- **규제 당국 협력**: 가상자산을 제도권 금융처럼 관리할 수 있도록 정부와 협력

은행과 코인 거래소 간의 갈등이 지속되는 이유는 운영 리스크 때문이다. 그러나 Operational Oversight가 확립된다면, 금융기관도 디지털 자산 시장을 보다 적극적으로 수용할 가능성이 높아진다.

저자의 코멘트

실제로 제가 금융권 임원분들을 자문할 때 가장 많이 들은 말이 '아직 규제가 정리 되지 않았는데, 누가 책임을 집니까?'였습니다. 누가 어떤 리스크를 감수하고, 이상거래 발생 시 어느 조직이 먼저 막아야 하는지 확실하지 않으면, 은행 측에서는 계좌 발급을 거부할 수밖에 없다는 겁니다.

그래서 'O - Operational Oversight'가 맨 먼저 정비되어야 하고, 그걸 명확히 문서화하면 은행도 금융기관도 리스크를 덜고, 규제당국과 커뮤니케이션도 원활해진다'고 이해하였습니다.

L - Liquidity & Stable Returns

기관투자자가 장기적으로 참여하려면 유동성과 안정적인 수익 모델이 필수다.

- DeFi 및 자산 토큰화를 통한 시장 유동성 확대

- 스테이킹(예치 보상 프로그램)을 활용한 안정적인 수익 확보

- 배당형 토큰을 통한 프로젝트 수익의 정기 분배

- 유동성 풀을 활용해 다수의 투자자가 자금을 공급하고 수익을 공유

기관투자자들은 여전히 변동성이 높은 코인 시장에 회의적이다. 그러나 스테이킹이나 배당형 토큰을 활용해 예측 가능한 수익 모델을 제공하면, "디지털 자산을 도박판이 아닌 금융 상품"으로 인식할 수 있다.

1 - Institutional Governance

탈중앙 거버넌스와 금융기관의 감독 요구는 어떻게 조율할 것인가?

- **온체인 투표 및 제안**을 통해 토큰 보유자가 주요 결정에 직접 참여

- **글로벌 보안 인증**(ISO, SOC, ISMS) 확보

- **거버넌스 문서화**로 재단과 커뮤니티의 역할을 투명하게 정의

탈중앙화를 강조하는 블록체인 커뮤니티와 금융기관 간에는 갈등이 존재한다.

- 금융기관: **"무질서한 탈중앙화는 불안하다. 최소한의 감독이 필요하다."**

- 블록체인 커뮤니티: **"기관이 지나치게 개입하면 중앙화가 된다."**

Institutional Governance는 이러한 간극을 줄이는 역할을 한다.

D - Durable Ecosystem

한철 반짝하는 유행이 아니라, 지속 가능한 금융 시스템이 될 수 있는가?

- AI와 블록체인 융합을 통한 보안 강화 및 스마트컨트랙트 오류 검증

- 커뮤니티 및 개발자 활성화를 통한 지속적인 확장

- 장기 투자 가치 창출로 프로젝트의 신뢰도 확보

어떤 금융 생태계든 지속적인 관리가 필요하다. "[D]는 마치 농사를 짓는 것과 같다. 씨앗을 뿌린 후에도 지속적으로 물을 주고 관리해야 한다.

2. 기관투자자 보안·규제·수익 모델 요구

기관투자자와 법인의 디지털 자산 보유 현실화

최근 금융위원회가 STO(토큰증권) 발행 가이드라인 및

가상자산 회계·세무 지침을 발표하면서, 법인이 디지털 자산을 보유·운용할 길이 열리고 있다. 글로벌 금융사들도 **비트코인 펀드 및 커스터디 서비스**를 출시하며 기관자금 유치에 적극 나서고 있다.

한 대형 기업 CFO는 이렇게 말했다.

"회계 처리와 내부 통제 기준이 명확해야 투자 위원회에서 승인할 수 있습니다. SOLID LOCK 모델이 이 부분을 해결해 주는군요."

그림13: 글로벌 기업들의 국내 진출 로드맵 ⟨Source: Tiger Research⟩

기관이 선호하는 메인넷 선택 기준

기관투자자와 금융기관은 어떤 메인넷을 선호할까?

- COSMOS – IBC 프로토콜을 통해 여러 체인을 연결할 수 있어, 기관 전용 체인(Zone) 설계에 유리

- POLKADOT – 패러체인 구조로 보안성과 확장성을 확보하지만, 거버넌스 구조가 복잡

- AVALANCHE – 서브넷 기능을 활용해 특정 기관·프로젝트를 위한 독립 네트워크 구축 가능

기관투자자들은 EVM 호환성, 가스비, 보안 취약점 등을 꼼꼼히 검토하며, 정부 역시 KYC/AML 모듈과 감사 체계 등을 고려해 규제 친화적인 메인넷을 선호한다.

핵심 포인트

SOLID LOCK과 디지털 자산의 제도권 편입

➡ SOLID LOCK은 보안, 운영 감시, 유동성, 거버넌스, 생태계 구축을 통해 기관투자자가 안심하고 참여할 수 있도록 설계된 전략이다.

➡ 법인의 디지털 자산 보유가 현실화되면서, 규제 친화적인 메인넷과 커스터디 솔루션이 중요해졌다.

➡ COSMOS, POLKADOT, AVALANCHE 등의 메인넷이 기관투자자를 위한 표준화 작업을 진행 중이다.

➡ 정부와 금융기관은 단순 규제에서 벗어나, 디지털 자산을 신성장 동력으로 활용하려는 방향으로 움직이고 있다.

표 4 : 글로벌 메인넷 국내 협력

블록체인	주요 활동
아발란체 (Avalanche)	- 네오위즈 인텔라X, 아발란체 웹3 게임 플랫폼 합류 - SK플래닛, 드림어스컴퍼니 파트너십 체결 및 블록체인 기반 티켓팅 사업 추진
솔라나 (Solana)	- 국내 웹3 기업(엔터테인먼트, 게임 등) 지원을 위한 1,200억 원 규모의 펀드 조성 - 크래프톤 파트너십 체결, 솔라나 기반 NFT 게임 개발 플랫폼 런칭
체인링크 (Chainlink)	- 넥슨, 네오위즈와 파트너십 체결, 블록체인 게임 생태계 인프라 제공
이뮤터블 (Immutable)	- 국내 게임사의 진출을 위한 게임 산업 협력 확대 및 한국 법인 설립
폴리곤 (Polygon)	- 애니모카 브랜즈, 네오위즈와 게임 생태계 협력 강화 - 넷마블 블록체인 자회사 마브렉스(MBX)와 손잡고 웹3 게임 플랫폼 진행 - LG유플러스와 협력, 블록체인 기반 지역 화폐 서비스 개발 및 '웹3 월렛 인프라' 구축
니어 프로토콜 (Near Protocol)	- 위메이드, 넷마블, 넥슨 등 다수의 국내 게임사와 파트너십 체결 - SK텔레콤과 협력, 사용자 친화적인 '간편지갑', NFT 및 디지털 자산 관리 기술 지원
앱토스 (Aptos)	- 엔픽셀 파트너십 체결, 메타픽셀 게임 생태계 확장 추진 - SK네트웍스 블록체인 사업 협력 체결 및 웹3 생태계 확장
오아시스 (Oasys)	- 넥슨, 반다이남코, 네오위즈, 위메이드, 컴투스, NHN 등 오아시스 밸리데이터 합류 - 국내 유망 게임사를 대상으로 게임 펀드(오아시스 에코 펀드) 출범 및 운영 가속화

다음 장 예고

AI와 블록체인이 만드는 새로운 거버넌스 질서

AI가 블록체인의 거버넌스 구조를 어떻게 변화시킬 것인가?

자동화된 정책 결정과 탈중앙화 투표 시스템은 거버넌스의 개념 자체를 새롭게 정의할 가능성이 크다.

AI는 블록체인을 더욱 공정한 시스템으로 만들 것인가, 아니면 새로운 형태의 중앙화를 초래할 것인가?

다음 장에서는 AI와 블록체인의 융합이 가져올 거버넌스 혁신을 깊이 있게 탐구한다.

5장

AI와 블록체인의 융합
: 핵심 기술 인프라로의
발전

AI+블록체인 결합으로
데이터 무결성·보안·자동화가 새 단계에 접어들며,
탈중앙 금융 인프라가 한층 진화한다.
EigenLayer·Chainlink Functions 등
혁신 프로젝트가 투자 열기를 더하고,
AI 기반 합의·스마트컨트랙트 검증이 현실화된다.

5장 AI와 블록체인의 융합
: 핵심 기술 인프라로의 발전

블록체인은 오랫동안 암호화폐와 동일한 개념으로 인식되었다. 그러나 최근 기업들이 AI와 IoT 같은 첨단 기술을 도입하면서 **데이터 무결성**이라는 문제에 직면했고, 이에 대한 해결책으로 블록체인이 다시 주목받고 있다.

이제 블록체인은 단순히 코인을 발행하고 거래하는 기술이 아니라, **데이터의 신뢰성과 투명성을 보장하는 핵심 인프라**로 자리 잡고 있다.

1. 블록체인 = 데이터 신뢰성/투명성 인프라

블록체인은 데이터 신뢰성을 보장하는 핵심 인프라

과거에는 블록체인이 주로 암호화폐 거래를 위한 기술로만 인식되었지만, 현재는 금융, 유통, 공공, 의료, 물류 등 다양한 산업에서 데이터 보호와 투명성 강화를 위해 활용되고 있다.

물류와 유통 분야에서는 제품이 생산되고 운송되어 소비자에게 전달되기까지의 모든 과정이 블록체인에 기록된다. 소비자는 QR 코드를 스캔하는 것만으로 제품의 원산지와 유통 경로를 즉시 확인할 수 있어, 공급망의 투명성이 높아지고 신뢰도가 증가한다.

금융 분야에서는 블록체인이 중개 기관을 최소화하고, 스마트컨트랙트를 통해 계약 실행을 자동화함으로써 결제 및 송금이 보다 효율적으로 이루어진다. 또한, 데이터의 변경이 불가능한 특성 덕분에 사후 감사가 용이해지고, 종이 문서를 사용해야 했던 번거로운 절차가 줄어들면서 비용 절감 효과도 기대할 수 있다.

이처럼 블록체인은 단순한 암호화폐 기반 기술을 넘어, 데이터 무결성과 투명성을 보장하는 필수적인 기술로 자리 잡고 있다.

산업별 블록체인 적용 사례

공공기관과 기업들은 블록체인을 활용해 기존의 업무 프로세스를 개선하고 있다. 이는 데이터의 신뢰성과 투명성에 대한 요구가 커지면서 필연적인 변화로 자리 잡고 있다.

한국조폐공사는 블록체인 기반 지역상품권 거래 플랫폼을 도입하여 거래의 투명성을 강화했다. 이를 통해 가입자 수가 220만 명을 돌파하며 성공적인 디지털 전환 사례로 평가받고 있다.

한국도로공사는 민자 고속도로의 통행료 정산 시스템에 블록체인을 도입하여 연간 수억 원에 달하는 정산 오차를 감소시키는 성과를 거두었다.

부산시 테크노파크는 금융 거래의 보안성을 높이기 위해 금융 특화 블록체인 시스템을 구축하여 지역 금융 서비스의 디지털 전환을 가속화하고 있다.

레몬헬스케어는 AI와 블록체인을 결합해 실손보험금

청구 프로세스를 자동화하고 운영 효율성을 극대화했다. 이를 통해 보험금 청구 절차가 간소화되었으며, 데이터 무결성이 보장되면서 금융 소비자의 신뢰도가 향상되었다.

2. AI+IoT+블록체인 융합, 보안·거래·데이터 무결성

AI와 IoT가 결합된 블록체인: 데이터 신뢰 문제 해결

AI와 IoT가 생성하는 방대한 데이터를 안전하게 저장하고 검증하는 문제는 지속적으로 제기되어 왔다.

스마트 홈에서는 IoT 센서가 실시간으로 전력, 온도, 습도 등의 데이터를 수집하는데, 이 데이터를 블록체인에 기록하면 위변조가 불가능해져 신뢰성이 보장된다.

스마트시티에서는 교통, 환경, 에너지 등의 다양한 IoT 센서가 데이터를 전송하며, 블록체인이 이를 안전하게 저장해 AI가 신뢰할 수 있는 정보를 바탕으로 분석을 수행할 수 있도록 돕는다.

데이터 신뢰성이 확보되지 않으면 AI의 학습 모델이 왜곡될 수 있고, 중앙 서버가 해킹될 경우 피해 규모가 커질 수 있다.

이 문제를 해결하기 위해 블록체인을 접목하면 데이터가 분산 원장에 저장되어 위변조가 불가능한 상태로 유지된다. AI는 이러한 신뢰할 수 있는 데이터를 학습하여 보다 정밀한 예측과 분석을 수행할 수 있다.

3. EigenLayer, Chainlink Functions, SingularityNET 등 사례

AI와 블록체인의 융합 프로젝트 및 글로벌 투자 동향

오늘날 AI와 블록체인이 융합하는 프로젝트는 이미 시장에서 활발히 시도되고 있다. 단순히 "미래 가능성"만 말하는 수준이 아니라, **투자 유치와 시범 운영(POC)으로 검**

증이 진행 중이라는 점이 흥미롭다. 아래는 대표적인 예시들이다.

1) EigenLayer – 재스테이킹(Re-Staking) 프로토콜

프로젝트 개요

EigenLayer는 이더리움 지분증명(PoS) 네트워크를 기반으로, '재스테이킹(Re-Staking)'이라는 개념을 도입한 프로토콜이다. 기존에 이더리움을 스테이킹한 사용자(Validator)들이 자신의 지분을 다른 프로토콜 보안에도 재활용할 수 있게 함으로써, 멀티플 보안과 유연한 확장성을 동시에 추구한다.

AI 활용 포인트

· 개발팀에 따르면, 네트워크 상태(노드 지연, 트래픽 폭주, 잠재적 공격 시그널 등)를 AI 모델이 실시간 분석하여, 특정 검증자(Validator)나 체인에 보상·페널티를 적용할

때 자동화된 의사결정을 보조한다.

· 목표는 "오탐(誤探) 최소화"와 "신속한 공격 탐지"로, AI를 통해 보안 사고를 사전에 차단해 궁극적으로 프로토콜 안정성을 높인다는 것이다.

투자·POC 현황

2023년 중순, a16z(앤드리슨 호로위츠), 블록타워캐피탈 등으로부터 **약 5천만~6천만 달러** 규모의 투자를 유치하며 주목받았다.

현재 테스트넷(시범 네트워크)에서 다양한 디앱(dApp)들이 재스테이킹을 시도하고 있으며, 이 과정에서 AI 모니터링 솔루션을 부분 적용 중이라고 알려져 있다.

2) Chainlink Functions – 온체인·오프체인 데이터 연동

프로젝트 개요

체인링크(Chainlink)는 원래 "오라클(Oracle)" 프로젝트로 유명하지만, 최근 **Chainlink Functions**라는 서비스를 출시해, AI·웹2 데이터·온체인 스마트컨트랙트를 간단히 연동할 수 있도록 지원한다.

예: 외부 AI API(챗봇, 이미지 분석 등) 결과를 탈중앙화 오라클을 통해 블록체인에 안전하게 전달, 스마트컨트랙트가 해당 정보를 활용해 자동 결제·배분 등을 수행할 수 있다.

AI 활용 포인트

기존 블록체인은 '오프체인(Off-chain) 데이터'를 자동으로 신뢰하기 어렵다는 문제가 있었다. Chainlink Functions는 **AI API 호출 결과**를 암호학적으로 서명하고, 체인링크 노드가 이를 검증해 "위·변조되지 않은 AI 응답"임을 보장하려고 한다.

· **실증(POC)과 투자 유치**

· 2023년 상반기에 **구글 클라우드, AWS 등과 파트너십**을 맺고, AI·클라우드 API 데이터를 이더리움 메인

넷으로 공급하는 시범 프로젝트를 진행했다.2

· 구체적 투자 금액은 공개되지 않았으나, 체인링크 랩
스(Chainlink Labs)는 누적 투자액이 수억 달러 규모로
추정된다.

3) SingularityNET - AI 서비스 마켓플레이스

프로젝트 개요

싱귤래리티넷(SingularityNET)은 AI 서비스의 탈중앙화 마
켓플레이스를 표방한다. 개발자들이 자신이 만든 머신러닝
모델이나 딥러닝 API를 'AGIX' 토큰 기반으로 공유·거래
할 수 있도록 만든 플랫폼이다.

AI 활용 포인트

· 중앙화된 AI API 제공업체(예: 빅테크 기업)와 달리, *"
여러 독립 개발자가 올린 AI 서비스를 블록체인 상에
서 자유롭게 호출·결제"*한다는 점이 핵심 차별화.

• 여기서 블록체인은 서비스 사용 내역, 정산 기록, 모델 저작권 등을 투명하게 기록하며, AI 모델이 업데이트될 때마다 커뮤니티 투표(DAO 형태)로 버전관리를 한다.

실증 및 협업 사례

2021~2022년 카르다노(Cardano) 생태계와의 파트너십을 맺어, 헬스케어·로보틱스 등 분야의 AI 모델을 SingularityNET과 연동하는 POC를 시도했다.3

2018년 ICO 이후 2021~2023년 AI 열풍에 힘입어 **플랫폼 트래픽이 급증**, 시가총액(AGIX 토큰)도 크게 상승한 바 있다.

4) Fetch.ai – 자율 에이전트와 디파이(DeFi) 결합

프로젝트 개요

Fetch.ai는 *AI 기반 자율 에이전트(Autonomous Agent)* 를 블록체인과 결합, 탈중앙화된 데이터 처리와 협상

(negotiation)을 가능하게 하는 플랫폼이다.

예: "스마트 물류 에이전트"가 운송 스케줄을 자동 최적화하고, 대금 결제는 체인 위에서 실시간 실행하는 식.

AI 활용 포인트

- 각 에이전트가 **머신러닝 모델**을 통해 거래 파트너를 찾고, 조건 협상을 진행한다. 블록체인은 거래 내역과 결제 안전성을 책임지는 역할.

- DeFi 측면에서도, 자율 에이전트가 유동성 풀(DEX)에 최적 타이밍으로 자금을 공급/회수해 알고리즘 투자를 수행하는 시도가 이루어졌다.

투자 유치 및 보안 향상 지표

2023년 초, GDA 그룹 등으로부터 **약 4천~5천만 달러** 규모의 투자(추정치)를 유치하여 생태계를 확장 중이라고 밝힘.

다만 구체적 보안 향상 수치나 사고 사례는 공개가 제한적이어서, "AI에이전트가 스마트컨트랙트 취약점을 조기 감지한다"는 정도만 시연된 상황이다.

위 사례들은 **단순 아이디어 차원**이 아니라, **투자금 수천만~수억 달러**를 유치하거나 이미 시범 운영(POC) 단계에 돌입했다는 점에서 의미가 크다. 다만 대부분은 여전히 **테스트넷 환경**에서 동작 중이며, 메인넷 전체 적용까지는 기술 검증이 더 필요하다.

보안 관점:

AI로 "이상 거래 탐지", "스마트컨트랙트 오류 검증" 등을 시도하지만, AI 알고리즘의 편향(bias)이나 오탐 가능성 또한 존재한다.

따라서 실제로 사고가 **몇 % 감소**했는지, **해킹이 얼마나 줄었는지** 등은 추가 데이터가 더 축적돼야 한다.

규모 관점:

투자 열기는 뜨겁지만, 아직 당장 대기업·금융기관이 전격 도입하기엔 **법·제도 불확실성**이 남아 있다.

다만, 이러한 실증 사례가 쌓이면서 "AI+블록체인 = 허상"이라는 비판이 점차 줄어들고 있다는 분석도 있다.

결국 AI와 블록체인의 결합은 데이터 신뢰성, 탈중앙 거래, 자율 에이전트 협업 등의 영역에서 획기적인 시도를 가능케 하지만, **아직 초기 단계**라는 점도 인식해야 한다.

5) Farcaster – 탈중앙 소셜 네트워크와 AI 콘텐츠 관리

프로젝트 개요

Farcaster는 탈중앙화 소셜 네트워크 프로토콜을 표방한다.

기존 중앙화 SNS(트위터, 페이스북 등)와 달리, 블록체인 상에서 사용자 계정과 컨텐츠가 직접 관리되어, 소수 기업의 검열·광고 정책에 의존하지 않는다는 점이 특징이다.

AI 활용 포인트

- **콘텐츠 추천 및 검증(Moderation)**: Farcaster는 AI 알고리즘을 활용해, 사용자가 발행한 게시물이나 댓글 등을 분석하고, **스팸·허위 정보**를 걸러내는 기능을 일부 도입 중이다.

- **맞춤형 피드**: 프로젝트 측에 따르면, 사용자가 구독하거나 관심 등록한 키워드·해시태그를 기반으로, **AI 추천 모델**이 개인화된 컨텐츠 피드를 제시할 수 있도록 설계하고 있다.

- **커뮤니티 자율 거버넌스**: 장기적으로 탈중앙화된 투표(DAO 구조)와 AI 분석 결과를 결합해, 악성 사용자 제재나 플랫폼 정책 변경 등을 신속히 의사결정하는 모델을 구상 중이다.

투자·POC 현황

- **투자 유치**: 2024년 시점 기준, 시리즈 A 라운드에서 약 **1억 5천만 달러**(약 2천억 원) 규모 투자를 유치한 것으로 알려짐.

- **파일럿 운영**: 현재 **베타 버전**의 탈중앙 소셜 앱을 일부 사용자에게 공개해 테스트 중이며, AI 기반 추천 알고리즘은 아직 초기 단계로, 데이터셋 확보와 운영 검증이 이뤄지고 있다.

- **과제**: 완전한 탈중앙 구조를 유지하면서도, AI의 효율적 검열·제재가 가능할지에 대해 사용자 커뮤니티의 활발한 토론이 이어지고 있다.

6) Berachain – DeFi 플랫폼에 AI 리스크 관리 접목

프로젝트 개요

Berachain은 블록체인 기반의 **탈중앙 금융(DeFi) 플랫폼**으로, PoS(지분증명) 합의 알고리즘 위에서 다양한 디파이 서비스(스왑, 대출, 파생상품 등)를 구현하는 것을 목표로 한다.

기존 이더리움, BNB 체인 등과의 호환을 강조하면서도, **자체 토큰 이코노미로** 운영되는 생태계를 구축하고 있다.

AI 활용 포인트

- **리스크 관리 및 투자 전략 최적화**: Berachain 팀은 **AI 모델**을 통해 담보 비율, 청산 위험, 시장 변동성 등을 실시간으로 모니터링하고, 위험이 높아지면 사전 경고 또는 자동 청산을 처리하는 구조를 구상하고 있다.

- **알고리즘 트레이딩**: 사용자에게 **AI 어드바이저** 기능을 제공하여, 유동성 풀(AMM) 제공 시점이나 레버리지 조절 등 **투자 전략**을 제안하는 로드맵도 공개했다.

- **거버넌스 보조**: 일부 기능 업그레이드나 파라미터(이자율, 수수료율) 변경 시, AI가 시뮬레이션 결과를 제출하고, 토큰 보유자(DAO)가 투표로 최종 승인하는 방식을 파일럿으로 검토 중이다.

투자·POC 현황

- **투자 유치**: 2024년 시점 기준, 시리즈 B 라운드에서 약 **1억 달러** 규모 투자를 받은 것으로 알려져 있다.

- **테스트넷**: 현재 테스트넷(가칭 'Bera Test')이 운영 중이

며, 일부 디앱(탈중앙 거래소, 대출 프로토콜)에서 AI 기반 리스크 분석 기능을 시험 적용하고 있다.

- **향후 과제**: DeFi 특성상 해킹·스마트컨트랙트 버그 위험이 크기 때문에, **AI의 오탐과 과신**을 어떻게 균형 잡을지가 중요한 이슈로 꼽힌다.

유럽연합(EU)은 AI와 블록체인을 활용한 IoT 보안 프로젝트인 ASSIST-IoT를 추진하며 스마트 에너지 및 헬스케어 분야에서 혁신적인 기술을 적용하고 있다.

Monad Labs는 AI와 IoT를 통합한 퍼블릭 블록체인 시스템을 구축하며, 2억 2,500만 달러의 투자를 유치하는 데 성공했다. (https://www.digitaltoday.co.kr/news/articleView.html?idxno=513257)

이처럼 AI와 블록체인의 결합에 대한 기대가 높아지면서, 글로벌 투자자들도 해당 기술이 가진 잠재력을 주목하고 있다.

그림14: Crypto startups are seeing a boost from President—elect Donald Trump's win, and venture firm Cadenza has also seen more interest from limited partners for its blockchain fund following the election. Photo: kevin wurm/Reuters

AI와 블록체인이 가져올 변화

AI와 블록체인이 결합하면 다음과 같은 주요 변화가 예상된다.

중앙 서버의 해킹 위험이 줄어들면서, AI가 실시간으로 이상 징후를 감지하고 블록체인에 데이터를 저장하여 신뢰성을 확보할 수 있다.

스마트컨트랙트의 오류를 검증하는 과정에서 AI가 코드 배포 전에 자동으로 분석을 수행하며, 취약점을 발견하면 사전에 수정할 수 있는 기능이 도입될 가능성이 크다.

PoS, PBFT 등의 기존 블록체인 합의 메커니즘을 AI가 최적화함으로써, 네트워크 트래픽이 몰릴 때 AI가 노드 상태를 분석해 효율적인 운영을 지원할 수 있다.

AI와 블록체인이 만드는 새로운 패러다임

블록체인은 더 이상 단순히 코인 발행을 위한 기술이 아니다. 금융, 물류, 공공, 의료 등 다양한 산업에서 데이터 무결성과 투명성을 보장하는 핵심 기술로 자리 잡고 있다.

AI와 IoT와의 융합이 가속화되면서, 스마트시티, 의료, 금융 등 다양한 분야에서 블록체인이 신뢰성을 보장하고 AI가 분석과 예측을 담당하는 구조로 발전하고 있다.

엔비디아, 브로드컴과 같은 AI 인프라 기업이 블록체인과 협업하면서, 고성능 GPU 및 ASIC 칩을 활용한 AI 연산과 블록체인 보안성이 강화될 가능성이 높다.

AI는 스마트컨트랙트 오류 검증, 합의 알고리즘 최적화, 해킹 방지 등의 기능을 통해 메인넷 운영을 보다 정교하게 개선할 것이다.

다음 장 미리보기

AI와 블록체인이 가져올 거버넌스 혁신

AI와 블록체인이 결합하면, 단순한 기술적 효율성을 넘어 거버넌스 자체가 변화할 가능성이 크다.

다음 장에서는 AI가 블록체인의 거버넌스 구조에서 어떤 역할을 하게 될지, 투표와 정책 결정을 보조하는 과정에서 탈중앙화의 의미가 어떻게 변화할지 탐구할 예정이다.

AI가 블록체인을 더욱 공정한 시스템으로 만들 것인지, 혹은 새로운 형태의 중앙화를 초래할 것인지에 대한 논의가 이어질 것이다.

이제 AI와 블록체인의 융합이 가져올 거버넌스 혁신을 깊이 있게 살펴볼 차례다.

6장

거버넌스 재편
: AI 관리 효율과 블록체인
의 분산성

AI가 메인넷 의사결정(투표·합의)을 보조하며,
탈중앙 거버넌스가 더욱 정교해지거나,
오히려 새로운 집중화를 낳을 수 있다.
이더리움·폴카닷·코스모스 등 주요 체인이
온체인 투표·DAO를 실험하며,
윤리적 편향과 개인 정보 보호라는
난제를 마주하고 있다.

6장. 거버넌스 재편
: AI 관리 효율과 블록체인의 분산성

1. AI가 투표·합의 과정에 개입할 때 발생하는 변화

블록체인과 AI가 결합하면서 의사결정 방식이 근본적으로 변화하고 있다. 과거에는 인간이 데이터를 분석하고 결정을 내리는 과정이 필수적이었지만, 이제 AI가 방대한 데이터를 분석해 최적의 결정을 제시하는 시대가 도래했다. 특히, 블록체인은 중앙화된 권력을 분산하는 방식으로 작동하는데, 여기에 AI까지 개입하면 어떤 변화가 일어날까.

한 글로벌 핀테크 기업에서는 최근 AI 기반 의사결정을 시범 도입하는 실험을 진행했다.

신사업을 담당하는 임원이 AI를 활용해 투자 시뮬레이션을 실행한 결과, 특정 안건의 성공 확률이 70%라는 분석이 나왔다. 그러나 재무 담당 임원은 AI가 모든 결정을 내리게 되면 인간의 역할이 줄어들 것에 대한 우려를 표했다.

거버넌스 팀장은 DAO 방식으로 운영될 경우 기업이 실질적으로 통제할 수 있는 부분이 줄어들 가능성을 염려했다.

이들의 논의 끝에 **일부 결정 과정에서 인간 개입 없이 AI가 자동으로 의사결정을 내리는 모델을 시범 도입**하기로 결정했다. 과연 AI와 블록체인의 결합이 어떤 영향을 미칠까.

인간과 AI의 의사결정 충돌
: 중앙화와 분산화의 경계에서

기업과 조직의 의사결정은 전통적으로 **중앙집중형**이었다. 중요한 결정은 최종 책임을 지는 리더가 내리는 방식이었으며, 이러한 방식은 빠른 대응과 명확한 책임 소재라는 장점을 가진다. 하지만 한 개인이나 소수의 판단에 의존하는 만큼, 편향이나 감정적 요소가 개입될 가능성이 크다.

이에 반해 블록체인은 **노드 간 합의**를 기반으로 한 분산형 거버넌스를 추구한다. DAO(탈중앙 자율 조직)와 DeFi(탈중앙 금융)도 이러한 개념을 바탕으로 운영된다. 하지만 현실에서는 일부 재단이나 창업자가 강력한 권력을 행사하며, 이론적인 분산 구조와 실제 운영 방식이 일치하지 않는 경우도 많다.

여기에 AI가 개입하게 되면 의사결정 방식은 더욱 복잡해진다.

AI는 방대한 데이터를 분석해 최적의 방안을 도출하고, 심지어 투표 결과를 예측하는 기능까지 수행한다. 일부는 이를 효율적인 방법이라 반기지만, AI의 결정이 과연 완전히 공정하고 객관적인가에 대한 의문이 제기된다. 만약 AI가 특정 기업이나 소수의 이해관계에 의해 조종된다면, 기존의 중앙집중형 구조보다 더 강력한 통제력을 가질 수도 있다.

거버넌스 혁신: 조직 운영 방식의 변화

표 5: 주요 메인넷의 거버넌스 비교

체인	합의 알고리즘	거버넌스 모델	재단역할	검증자 수	시총 점유율/집중도
이더리움	PoS (Beacon Chain)	EIP 제안·커뮤니티 중심의 오프체인 논의	EF: 개발 지원, 비탈릭 영향력 큼	~600k	시총 2위, 시장 점유율 약 20%
폴카닷	NPoS	온체인의회·보팅·슬롯경매로 생태계 확장	Web3재단, Parity가 핵심 영향력	검증자 300~400개	시총 10위권 내, 시장 점유율 4~5%
코스모스	Tendermint (PoS)	온체인 투표 및 Inter-Chain 보안 추진	코스모스재단, 초기 자금 지원	허브 검증자 ~175개	시총 규모 작지만 IBC 체인 확장 중
솔라나	PoH+PoS 하이브리드	재단이 업그레이드 제안, 검증자 승인	Solana재단·Labs 개발 지원, 초기지분 많음	~3,000개 (실제 활성은 더 적음)	시총 10~15위, VC 집중 투자 경험
EOS	DPoS (21 블록 생산자)	투표로 BP선정, 재단이 중재	초기 Block.one, 현재 ENF 운영	21개 BP	이더리움 킬러로 불렸으나 거버넌스 논란 지속

EIP (Ethereum Improvement Proposal):

PoS (Proof of Stake, 지분증명):

DPoS (Delegated Proof of Stake, 위임 지분증명):

NPoS (Nominated Proof of Stake, 지명 지분증명):

PoH (Proof of History, 역사증명):

IBC (Inter-Blockchain Communication):

EF (Ethereum Foundation, 이더리움 재단):

ENF (EOS Network Foundation):

2023년 상반기에 구글 클라우드, AWS 등과 파트너십을 맺고, AI·클라우드 API 데이터를 이더리움 메인넷으로 공급하는 시범 프로젝트를 진행했다.

https://techcrunch.com/2023/03/01/chainlink-launches-web3-dev-platform-to-connect-builders-to-web2-0-apis-like-aws-and-meta/

실증 및 협업 사례

2021~2022년 카르다노(Cardano) 생태계와의 파트너십을 맺어, 헬스케어·로보틱스 등 분야의 AI 모델을 SingularityNET과 연동하는 POC를 시도했다.

https://news.stockplus.com/m?news_id=13712479

Fetch.ai

2023년 초, GDA 그룹 등으로부터 약 4천~5천만 달러 규모의 투자(추정치)를 유치하여 생태계를 확장 중이라고 밝힘.

https://www.coindesk.com/markets/2021/03/10/fetchai-nabs-5m-in-institutional-investment-fireblocks-to-add-support-for-fet-token

투자 유치: 2024년 시점 기준, 시리즈 A 라운드에서 약 1억 5천만 달러(약 2천억 원) 규모 투자를 유치한 것으로 알려짐.

https://www.ctol-kr.com/news/decentralized-social-media-startup-farcaster-raises-150-million

지정학적 분쟁(예: 미·중 갈등)이 심해지면, 달러 패권이 흔들리면서 "달러 이외 자산(코인, 금, 유로 등)"으로 분산하려는 자본 흐름이 커질 수 있음.

http://www.koreatimes.com/article/20250119/1548332

블록체인 기반 프로젝트는 탈중앙화를 목표로 하지만, 실제 운영 과정에서는 종종 창업자와 커뮤니티 간 갈등이 발생한다.

DAO를 기반으로 운영되는 한 프로젝트에서는 투표를 통해 의사결정을 내리는 구조를 구축했지만, 실질적으로 창업자가 60% 이상의 지분을 보유하고 있었다. 이에 따라 커뮤니티에서는 "우리가 투표해도 무슨 의미가 있느냐"는 반발이 터져 나왔다.

DeFi 프로젝트에서도 거버넌스와 관련된 갈등이 빈번하게 발생한다. 예를 들어, 프로토콜 업데이트 과정에서 창업팀과 커뮤니티가 심각한 의견 대립을 겪으며, 하드포크 직전까지 치닫는 경우도 있다.

이러한 갈등 속에서 AI가 개입하면 더욱 복잡한 상황이

전개될 가능성이 크다.

예를 들어, AI가 분석한 결과 A안이 최적이라는 결과를 도출했는데, 창업자는 B안을 선호하는 상황이 발생할 수 있다. 이 과정에서 AI를 신뢰해야 할지, 인간의 개입이 필요한지에 대한 논쟁이 이어질 것이다.

2. EOS·테조스·폴카닷·코스모스의 중앙화 완화 시도

집중 완화를 위한 실제 시도들

1) EOS의 헌법 개정 및 ENF (EOS Network Foundation)

배경: EOS는 초기 Block.one이 막대한 토큰을 보유하고, 21개 블록생산자가 매일 재선출되면서도, 실상 몇 개 '큰 고래' 투표에 의해 결정되는 중앙화 논란이 컸다.

개선 시도

ENF 출범: EOS Network Foundation이 커뮤니티 자금·개발지원 등을 맡아, Block.one의 권한을 상당 부분 축소하려 했다.

새로운 거버넌스 규약: "EOS 헌법(Constitution)" 개정, BP 선출 규칙 보완, 운영 투명성 강화 등.

평가: 실제로 BP들이 재분산됐는지, 투표 참여가 높아졌는지에 대해선 여전히 의견이 갈린다. 다만 "초기 독점 구조"를 어느 정도 완화했다는 점은 주목할 만하다.

2) 테조스(Tezos)의 온체인 투표(Protocol Amendment)

배경: 테조스는 "온체인 거버넌스"를 표방해, 체인 내에서 프로토콜 업그레이드 제안을 올리고, 보유자(XTZ 스테이킹 참여자)들의 투표를 통해 자동으로 결론에 반영하는 방식을 채택했다.

개선 시도

제안 → 투표 → 채택 → 자동 코드 업그레이드 절차가 하나의 프로세스로 이어지며, 포크 없이 체인이 진화할 수 있다는 아이디어.

평가: 이론상 "중앙 관리자 없이도 커뮤니티 의사결정"이 가능하지만, 실제로는 **대형 베이커(Baker)** 몇 곳이 지분을 많이 쥐고 있어서 *"지분 집중 → 투표력 집중"*이 발생하기도 한다.

3) 코스모스의 Inter-Chain Security

배경: 코스모스는 IBC를 통해 수십 개 체인이 서로 연결되지만, 보안과 거버넌스는 각 체인별로 별개였다.

개선 시도

*Inter-Chain Security(ICS)*는 코스모스 허브의 검증자가 다른 체인 보안도 맡아주도록 하되, 각 체인이 허브에 일정 지분을 맡기거나 일정 요건을 충족해야 한다.

이를 통해 허브의 보안을 공유하면서도, 개별 체인이 독립된 거버넌스 구조를 유지한다는 목표다.

평가: 완전한 자율성 vs. 허브에 종속 사이에서 고민이 필요하지만, 여러 체인이 보안과 자본력을 "공동체" 형태로 나누는 시도라는 점은 "분산화 확대"에 의미가 있다.

4) 폴카닷의 패러체인 경매

배경: 폴카닷 생태계에서 새로운 체인(패러체인)이 네트워크에 참여하려면, '슬롯(slot)' 경매를 통해 DOT를 일정 기

간 락업해야 한다.

개선 시도

경매는 자본·커뮤니티 규모가 큰 프로젝트에 유리하다는 비판도 있지만, 적어도 **"누구나"** 자율적으로 경매에 참여해 슬롯을 얻을 수 있으므로, 독점적 재단이 승인하는 형태보다는 한층 개방적이다.

크라우드론(Crowdloan): 프로젝트가 커뮤니티로부터 DOT를 모아 경매에 참여하게 함으로써, "탈중앙화된 자본 조달"을 유도한다.

평가: 현실적으로 자금력 많은 VC나 재단이 유리하지만, 기존 "재단 독단" 방식보다는 분산형 경쟁의 성격이 더 강해졌다.

(C) 시사점: "분산화"와 "효율성"의 균형

분산화의 이상(理想) vs. 현실 자본 집약

대부분 메인넷이 *"탈중앙화"*를 구호로 내걸었지만, 실제로는 창업 초기 큰 자본(VC, 재단 지분)에 좌우되고, 투표 참여율도 저조해 실질 권력이 몇몇 주체에 몰리는 현상이 계속된다.

그럼에도 불구하고 테조스·EOS·폴카닷·코스모스 등이 보여주는 "온체인 투표," "헌법 개정," "패러체인 경매," "인터체인 보안" 등 시도는, **독점 구조를 단계적으로 분산화**하려는 의미 있는 움직임이다.

거버넌스 설계의 난제

"민주적으로 투표하면 느려지고, 빠른 결정을 위해선 권력 집중이 불가피"라는 딜레마가 존재한다.

AI를 활용한 보조 투표·합의 시스템이 대안이 될 수도 있지만, **AI가 특정 재단의 편향**을 강화하는 도구가 될 위험도 있다.

장기 과제

(i) 지분 분산: 단순히 표면적 투표 모델만 바꾸는 게 아

니라, 초기 토큰 분배의 왜곡을 줄이는 방안(에어드롭, 커뮤니티 참여 인센티브 등)이 지속적으로 필요.

(ii) **거버넌스 투명성**: 제안과 의사결정 과정, 재단 자금 집행 내역 등을 공개하고, 커뮤니티 검증·감사를 유도하는 제도 마련.

(iii) **규모 확장 vs. 탈중앙화**: 대규모 자본이 들어오면서 프로젝트가 빨리 성장할 수 있지만, 동시에 'VC·기관 편중'이 심해지는 역설을 피하려면 세심한 구조 설계가 필수.

"이처럼 '상위 10개 메인넷이 전체 시총의 81%를 장악'한다는 통계는, 탈중앙화를 표방하는 블록체인 업계가 '자본 집중화'라는 현실과 어떻게 충돌하는지 단적으로 보여준다.

그러나 **폴카닷의 패러체인 경매나 코스모스의 인터체인 보안, 테조스의 온체인 투표** 사례처럼, 완전한 중앙화로 흘러가지 않기 위해 다양한 거버넌스 혁신 시도가 이어지고 있다는 점도 중요한 흐름이다. 결국 독자들은 다음 질문을 고민하게 될 것이다.

- '실제 표결·검증이 얼마나 다수에게 열려 있는가?'

- '재단이나 창업자의 역할을 어떻게 제한·설계할 것인가?'

- 'AI가 투표 결과를 예측·자동화해 준다면, 혹시 또 다른 형태의 권력 집중을 낳지 않을까?'

이러한 도전과 해답을 동시에 살피는 것이, 소수 메인넷 과점의 모순을 풀어갈 핵심 열쇠가 될 것이다."

3. AI 알고리즘 편향, 개인정보 보호, 윤리적 문제

거버넌스에서 AI가 가져올 리스크와 윤리적 문제

AI가 거버넌스에 도입될 경우, 다음과 같은 주요 문제들이 발생할 가능성이 높다.

첫째, 알고리즘 편향

AI의 분석 결과는 과학적으로 보일 수 있지만, 학습 데이터가 편향되어 있다면 특정 계층이나 특정 노드에 유리한 결정을 내릴 가능성이 있다. AI 모델이 투명하게 공개되지 않는다면, 이러한 편향을 검증하기 어려워진다.

둘째, 데이터 독점 문제

블록체인은 분산 네트워크를 기반으로 하지만, AI 개발과 운영에는 막대한 자원이 필요하다. AI를 운영할 수 있는 능력을 갖춘 대형 IT 기업이나 재단이 이를 독점하게 되면, 블록체인의 탈중앙화 원칙이 훼손될 수 있다.

셋째, 개인정보 및 기업 기밀 보호 문제

AI가 학습한 데이터가 블록체인에 저장될 경우, 개인정보나 기업 기밀이 노출될 위험이 존재한다. 이를 어디까지 공개하고, 어디까지 보호해야 할지에 대한 정책과 법률이 아직 명확하게 정립되지 않았다.

AI 기반 거버넌스 모델과 적용 가능성

AI를 활용한 거버넌스 모델은 크게 세 가지 형태로 구분될 수 있다.

첫 번째, AI 보조형 거버넌스

AI가 데이터를 분석하고 시뮬레이션 결과를 제공하지만, 최종 결정은 인간이 내리는 방식이다. 이 방식은 AI의 분석력과 인간의 판단력을 결합하는 형태로, 가장 현실적인 모델로 평가받고 있다. 하지만 AI의 분석 결과를 맹신하게 되면, 결국 AI가 실질적인 통제권을 가지게 될 위험이 있다.

두 번째, AI가 최종 결정을 내리는 방식

투표권마저 AI가 대리 행사하는 급진적인 모델이다. 인간의 감정적 판단이나 부정 행위를 방지할 수 있다는 장점이 있지만, AI가 잘못된 결정을 내릴 경우 이를 되돌리기가 어렵다. 또한, "AI 독재"라는 새로운 형태의 권력 집중이 발생할 수 있다.

세 번째, 혼합형 거버넌스

AI는 데이터를 분석하고 시뮬레이션을 제공하지만, 최종 결정은 인간과 커뮤니티가 내리는 방식이다. 이 방식은 AI의 효율성과 인간의 판단력을 조화롭게 결합할 수 있어, 실제 적용하기 가장 무난한 모델로 평가된다.

거버넌스 혁신을 위한 체크리스트

조직이 AI 기반 거버넌스를 도입할 준비가 되었는지 점검하기 위해 다음과 같은 요소들을 고려해야 한다.

- AI의 데이터 편향을 검증할 체계를 갖추고 있는가

- 조직 내 구성원들이 AI 기반 의사결정의 개념을 충분히 이해하고 있는가

- 개인정보 및 기업 기밀 보호를 위한 시스템이 마련되어 있는가

- 창업자, 커뮤니티, AI 분석 결과 간의 충돌이 발생했을 때 이를 조정할 프로세스가 있는가

만약 위 조건 중 두 개 이상을 충족하지 못한다면, AI 기반 거버넌스를 도입하기에는 준비가 부족할 수 있다.

결론: AI와 블록체인 거버넌스의 미래

AI와 블록체인의 결합은 단순한 기술 혁신을 넘어 조직 운영 방식, 정치, 경제 구조까지 변화시킬 수 있는 잠재력을 지니고 있다.

이미 여러 프로젝트에서 메인넷 투표를 AI가 보조하고 있으며, 창업자와 커뮤니티 간의 갈등이 새로운 방식으로 전개되고 있다.

다음 장에서는 **STO(증권형 토큰)와 RWA(실물 자산 토큰화) 가 본격화되는 과정에서 AI 기반 거버넌스가 어떻게 자본 시장을 재편할 수 있을지** 살펴본다.

과연 AI가 블록체인 거버넌스를 더욱 효율적으로 만들 것인지, 아니면 새로운 형태의 중앙화를 초래할 것인지, 다음 장에서 더욱 깊이 있는 논의가 이어질 것이다.

7장

향후 시나리오와 전략
: 5,000조 시장의 다음
단계

STO·RWA 확산으로 자본 재편이
가속화되는 가운데, 규제·기술·투자 심리가
결합해 시장의 방향을 결정한다.
베스트&워스트 시나리오를 통해
미래 변동성을 예측하고, 개인·기업·정부별
전략을 구체화해 위기를 기회로 삼는다.

7장 향후 시나리오와 전략
: 5,000조 시장의 다음 단계

1.STO·RWA 확산 시 자본 이동 전망

디지털 자산 시장이 5,000조 원 규모에 도달하면서, 앞으로 어디까지 성장할 수 있을지에 대한 관심이 높아지고 있다. 전통 금융권과 블록체인 업계가 서로 다른 시각을 가지면서도, 새로운 기회를 모색하는 모습이 곳곳에서 포착된다.

현재 5,000조 원을 돌파했지만, 글로벌 컨설팅 기업(예: PwC, Deloitte 등)이나 리서치 기관별로 향후 5~10년 전망을 내놓은 자료가 있다.

- 예) PwC 보고서(「Global Crypto Outlook」, 2024)에서 "2028년까지 디지털 자산 시총이 최대 2배~3배 이상 성장할 수 있다"는 예측

• Deloitte 리서치(2025년판)에서 "기관투자자의 암호화
폐 보유량이 2년 내 3배로 늘어날 것"이라는 전망

이처럼 **단기(10년) 시나리오**가 다소 낙관적으로 제시되
는 편인데, 전통 금융과 본격 융합(STO·RWA), 그리고 AI
기술 발전이 맞물리면서 시장이 더 커질 여지가 있다는 분
석이다.

한 글로벌 컨퍼런스의 휴게실에서, 스타트업 대표인
Jason과 전통 금융사 임원인 박 이사가 대화를 나누고 있
었다.

Jason은 STO(증권형 토큰 발행)와 RWA(실물 자산 토큰화)가
본격화되면 디지털 자산 시장이 폭발적으로 성장할 것이라
며, 현재 5,000조 원 규모인 시장이 5년 후에는 10배 이상
커질 가능성이 있다고 말했다. 이에 박 이사는 해킹이나 사
기 사건이 발생할 경우, 기관투자자들이 대규모로 빠져나
갈 위험이 있다는 점을 지적했다. 금융권은 규제와 신뢰가
확립되지 않은 상태에서 대규모 투자를 진행하기 어려운
입장이라는 것이다.

STO 시가총액 전망

- 2022년: 3000억 달러 (PWC.com)
- 2030년: 4~5 조 달러 (Citigroup)

RWA 시장 전망:

- 2023년 현재 주로 부동산·채권·미술품 조각투자에 국한

- 2026~2027년경 본격 상용화되면 5년 내 10배 성장 가능 (주요 보고서 종합)

대표 스캔들: 예) 2022년 FTX 파산, 2021년 Poly Network 해킹(6억 달러 탈취) 등

해당 사건들로 인해 기관·개인투자자 이탈이 가시화되었고, 디지털 자산 시총이 단기간 수백조 원씩 증발한 전례가 있다.

이러한 사례는 '워스트 시나리오' 전개 시 대규모 자금이 이탈하고, 정부 규제가 급격히 강화될 수 있음을 보여준다.

Jason은 이러한 문제를 해결하기 위해 AI 기반 거버넌스가 대안으로 떠오르고 있다고 설명했다. AI는 자금 흐름을 실시간으로 모니터링하고, 탈중앙화 거버넌스의 투표 과정을 효율적으로 보조하는 역할을 수행할 수 있기 때문이다. 박 이사는 AI와 블록체인이 결합하면서 미래 금융의 모습이 빠르게 변화하고 있음을 실감했다.

이처럼 디지털 자산 생태계는 빠르게 진화하고 있으며, 향후 5,000조 원 시장이 어디까지 확장될 것인지, 그리고 이에 대한 전략을 어떻게 세워야 할지 고민할 시점이 되었다.

STO와 RWA의 확산: 자본 이동의 폭발 가능성

규제가 완화되면 디지털 자산 시장에 막대한 자금이 유입될 가능성이 크다.

STO는 주식, 채권, 부동산 같은 전통적인 금융 자산을 블록체인 기반의 토큰으로 발행하는 방식으로, 기존의 증권법을 준수하면서 합법적으로 거래할 수 있도록 설계된다.

RWA는 실물 자산을 디지털화하여 블록체인에서 소액 단위로 거래할 수 있도록 만든 개념으로, 부동산, 미술품, 채권 등의 자산을 보다 쉽게 분할하고 유동성을 높이는 데 기여한다.

PwC 등 글로벌 컨설팅 기업들은 STO의 발행 규모가 조만간 1,000억 달러를 넘어설 것이며, RWA 시장도 5년 내 10배 성장할 가능성이 높다고 전망하고 있다.

전통 금융사들은 여전히 규제 미비와 보안 문제를 이유로 STO와 RWA를 대규모로 받아들이는 것에 신중한 태도를 보이고 있다. 하지만 AI 기반의 보안 및 거버넌스 시스템이 자리 잡고, 사기 및 리스크 관리가 강화된다면 기관투자자들의 참여가 가속화될 가능성이 높다.

자본이 전통 주식 및 부동산 시장에서 STO와 RWA로 완전히 이동하기는 어렵겠지만, 금리 변동성과 전통 자산 시장의 규제공백이 커질 경우, 새로운 투자처를 찾는 자금이 자연스럽게 디지털 자산으로 유입될 가능성이 있다.

• **예시 데이터:**

o 아스펜 디지털의 조사에 따르면, 아시아 부유층의 76%가 디지털 자산 투자 경험이 있다고 응답했으며, 이는 2022년의 58%에서 크게 증가한 수치

o 한국, 일본 등 아시아 연기금·보험사들도 RWA(실물자산 토큰화) 펀드를 시범 검토 중이라는 보도가 잇따름.

https://www.g-enews.com/article/Global-Biz/2025/0 2/2025020419553451090c8c1c064d_1?utm

규제와 혁신의 균형: 3자 공존 모델

강력한 규제와 완화된 규제 사이에서 균형을 찾는 것이 산업 성장의 핵심 과제가 되고 있다.

강력한 규제는 사기와 불법 자금 유입을 막고, 투자자를 보호하는 역할을 한다. 하지만 규제가 지나치게 엄격할 경

우 산업 성장이 느려지고, 혁신 기업들이 해외로 이전할 가능성이 높아진다.

반대로, 규제를 완화하면 산업 혁신 속도가 빨라지고 자본 유입이 증가하지만, 투기 과열과 보안 문제가 커질 위험이 있다.

이러한 대립을 해결하기 위해, **국가 및 금융기관, 블록체인 프로토콜, AI 시스템이 공존하는 3자 공존모델**이 제시되고 있다.

- 국가 및 금융기관은 법률적 보호와 소비자 보호, 시장 감독 역할을 수행한다.

- 블록체인 프로토콜은 기술 혁신을 주도하며, 글로벌 접근성을 높인다.

- AI 시스템은 의사결정 시뮬레이션과 리스크 모니터링을 실시간으로 수행하여 보안성과 효율성을 강화한다.

이 세 가지 요소가 균형을 이루면, 규제와 혁신을 동시에 실현할 수 있는 길이 열릴 수 있다.

AI 기반 거버넌스의 도입: 의사결정 방식의 변화

AI가 거버넌스를 보조하는 시스템이 도입되면, 효율성이 극대화되는 동시에 새로운 리스크도 발생할 수 있다.

AI를 활용하면 투표와 합의 과정이 자동화되어 의사결정 속도와 정확도가 높아지고, 방대한 데이터를 분석하여 시장 상황을 실시간으로 예측할 수 있다.

하지만 AI 인프라가 소수 기업에 의해 독점될 경우, 사실상 탈중앙화 원칙이 무너질 수 있다. 또한 AI가 특정 편향을 가진 결론을 도출할 경우, 이를 검증하는 과정이 복잡해질 수 있다.

최근 일부 메인넷에서는 AI가 해킹 징후를 사전에 감지하여 대규모 위기를 막는 사례가 등장하고 있다. 하지만 여전히 투표권을 가진 노드들이 AI 예측을 완전히 신뢰하지 못하는 경우가 많아, AI 기반 의사결정 시스템의 신뢰도를 높이는 것이 중요한 과제가 되고 있다.

아래 글은 세 가지 시나리오를 보다 자세히 풀어내어, 낙관적인 전망부터 점진적인 성장, 그리고 가장 극단적인 위기 상황에 이르기까지 규제와 기술, 투자자 동향이 어떤 식으로 맞물릴지를 가정에 기반해 설명한다. 물론 이는 실제 현실과는 다를 수 있으며, 정책 변화나 예기치 않은 사건에 따라 얼마든지 변동 가능성이 존재한다.

2. 3단계(베스트, 베이스, 워스트) 시나리오 및 실제 지표

베스트 시나리오

먼저 규제와 기술 발전이 조화를 이뤄 빠르게 제도권 금융에 편입되는 낙관적(베스트) 시나리오가 있다. 이 경우 여러 국가의 금융당국이 증권형 토큰을 합법화하고, 필요한 면허와 감독 체계를 신속하게 마련한다. 동시에 거래소와 커스터디 업체를 AI로 실시간 모니터링해 자금세탁방지와 고객 신원확인 절차도 자동화한다. 정부가 혁신을 장려

하는 차원에서 세제 혜택이나 금융 라이선스 발급을 지원한다면, 전통 금융기관과 글로벌 연기금이 STO나 RWA 채권에 대규모 자금을 투입할 가능성이 높다. 부동산이나 채권 같은 실물 자산을 토큰화해 탈중앙 금융 플랫폼에서 대출과 투자가 활발해지는 흐름도 예상된다. 이런 식으로 규제와 기술적 안전장치가 함께 자리 잡으면, 몇 년 안에 시장 규모가 수천 조 원에서 1경 원 가까이 치솟을 것이라는 전망도 나온다. AI가 거버넌스의 투표 과정을 보조하고, 해킹 위험이나 사기 사고를 조기에 차단한다면 대규모 자본이 유입될 환경이 완비된다. 결과적으로 지금껏 가상자산이라 불리던 영역이 주식이나 채권 같은 전통 자산과 어깨를 나란히 하며 새로운 금융 질서를 구성하게 될 수도 있다.

베이스 시나리오

한편 더 현실적인 시나리오(베이스 시나리오)로는 규제가 천천히 정비되는 과정을 거치면서 시장이 완만하게 확장되는 모습을 그려볼 수 있다. 무분별한 사기와 투기 열풍을 막으려는 금융당국은 먼저 자금세탁방지와 투자자 보호 장치를 확립한 뒤, 증권형 토큰이나 실물 자산 토큰화를 단계적으로 허용한다. 이 과정에서 대형 재단과 기관투자자가 협력해 시범 프로젝트를 늘려가며 시장 규모를 조금씩 키우게 된다. AI를 활용한 보안 강화나 스마트컨트랙트 검증도 단계적으로만 진행될 가능성이 크다. 이런 양상에서는 몇 년 만에 시장이 급격히 폭발하기보다는, 꾸준한 상승곡선을 그리면서 6천 조 원이나 1경 원 같은 목표치에 점진적으로 도달하게 된다. 대중의 인식이 빠르게 바뀌지 않고, 상대적으로 보수적인 투자자들이 신중하게 시장에 발을 담그며 시간이 흐름에 따라 제도권 안에서 자리를 잡아가는 양상이다.

워스트 시나리오

마지막으로 최악의 상황(워스트 시나리오)을 상정해볼 수 있다. 대규모 해킹이나 사기 사건이 터져서 수많은 투자자들이 막대한 손실을 보거나, AI 알고리즘이 결정적으로 오작동해 대규모 자금이 날아가는 식의 스캔들이 일어나면 규제 당국은 강력한 통제 정책을 펼칠 가능성이 높다. 거래소 라이선스를 대폭 줄이거나, 아예 시장 자체를 제한적으로 운영하도록 압박할 수도 있다. 그 결과 자본력과 기술력을 갖춘 소수의 메인넷만이 살아남아 시장을 독점하게 되고, 분산화라는 이념과 달리 소수 권력자가 실질적으로 모든 걸 장악하는 역설적 국면이 펼쳐진다. 실제로 과거 대형 프로젝트 파산이나 해킹 이슈가 잇달아 터졌을 때, 시장 전체가 급랭하고 투자 심리가 꺾인 사례가 있었기 때문에 이러한 시나리오도 결코 배제할 수 없다.

이 세 갈래의 시나리오는 어디까지나 예측이며, 현실에서는 이 중 하나만 전개되기보다는 여러 요소가 혼재될 가능성이 크다.

저자의 코멘트

제가 블록체인 업계에서 근무를 하면서 '워스트 시나리오'에 준하는 사건을 실제로 목격한 적이 있습니다. 대형 해킹이 터져서 한 플랫폼이 문을 닫을 위기에 몰렸죠. 그런데 아이러니하게도 그

사건으로 인해 '규제당국이 대거 개입하는' 계기가 되면서, 뜻밖의 제도화가 빨라진 사례도 있습니다.

저는 이런 경험을 통해, 그 어떤 위기나 해킹 사건도 결과적으로는 '산업 성숙'을 앞당기는 촉매제가 될 수 있다고 깨달았습니다. 그래서 이 책의 시나리오는 단순 가정이 아니라, 언제든 실현될 수 있는 '현실적 경로'입니다."

주요 국가의 규제 속도, AI 기술의 완성도, 전 세계적인 경제 상황 등에 따라 시장이 빠르게 꽃을 피울 수도, 거대한 파국을 겪으며 다시 회복을 모색할 수도 있다. 결국 STO와 RWA가 얼마나 제도권으로 안착하고, AI가 보안과 거버넌스 혁신에 안착하는가가 향후 디지털 자산 시장의 운명을 가르는 관건이 될 것이다.

지표 시나리오 시그널

• 베스트 시나리오 시그널

① 주요국(미국·EU·한국 등)에서 STO 관련 라이선스 발급이 활발해진다.

② 대형 금융기관이 디지털 자산 펀드 설정액을 대폭 늘린다.

③ AI 보안·거버넌스 솔루션이 대형 메인넷과 연동되어 해킹 리스크가 현저히 줄어든다.

· 워스트 시나리오 시그널

① 대형 해킹 또는 프로젝트 파산 사건이 잇따라 발생해, 시총이 단기간 수백조 원 단위로 급락한다.

② SEC·CFTC 등 규제 당국이 대규모 단속을 시작, 거래소 라이선스 박탈·프로젝트 중단 명령 등을 시행한다.

③ AI 오류/알고리즘 편향 문제가 터져, 거버넌스 결정이 크게 왜곡되거나 대규모 투자자 손실이 생긴다.

결론: 5,000조 시장을 넘어, 새로운 금융 패러다임의 시작

3. 미래 거시경제·국제정세 변수와 디지털 자산

5,000조 시장을 넘어, 새로운 금융 패러다임의 시작

디지털 자산 시장이 앞으로 어디까지 확장될지는 규제와 기술, 거버넌스가 어떻게 조합되는지에 따라 크게 달라질 것이다.

STO와 RWA는 전통 금융과 디지털 자산을 연결하는 중요한 가교 역할을 하며, AI 기반 거버넌스는 거대한 자금을 보다 효율적으로 관리하는 데 기여할 수 있다.

일각에서는 디지털 자산 시장이 머지않아 5,000조 원을 넘어설 것이라고 전망하고 있으며, 다른 한편에서는 여전히 시장을 투기판으로 바라보는 시각도 존재한다. 하지만 한 가지 분명한 사실은, 국채와 전통 금융 시장이 흔들리는 상황에서 디지털 자산이 더 이상 마이너한 시장으로 남아 있을 수 없다는 점이다.

다음 장에서는 STO, RWA, AI 기반 거버넌스가 결합하면서 자본 시장 전체가 어떻게 변화할지, 그리고 우리가 이 흐름을 어떻게 활용할 수 있을지 더 깊이 탐구해볼 것이다.

[독자별 실천요약 테이블]

개인 투자자: 디지털 자산 포트폴리오 비중 관리, STO·RWA 투자 시 증권성·거래소 안전성 확인, AI 기반 리스크 모니터링 툴 활용

기업 담당자: 법인 보유 시 회계·세무 기준 숙지, STO 발행(또는 투자) 시 금융위원회/거래소 협업, 보안 및 내부 통제(특히 AI 활용)

정책·규제 당국: 제도화 로드맵(법 개정), 디지털 자산 '해킹 사고'/'투자자 보호' 대책 강화, AI 윤리 가이드라인과 탈중앙 거버넌스 충돌 조정 등

에필로그

"슈퍼 트릴로지"가 가져올
권력 구조의 대전환

AI 네트워크·메인넷·거버넌스가 만들어내는
파급력은, "5,000조 시장"을 넘어
전 세계 거시경제 지형을 바꿀 수도 있다.
중앙화 vs. 분산화의 오랜 대치 속에서,
미래 금융 질서가 AI와 함께
어디까지 확장될 것인지
독자적 대비가 필요하다.

"슈퍼 트릴로지"가 가져올
권력 구조의 대전환

1.중앙화 vs. 분산화의 양면성

슈퍼 트릴로지—AI 네트워크, 메인넷, 그리고 거버넌스—는 2000년대 이후 격변해온 중앙화 vs. 분산화의 흐름이 디지털 자산 시대에 접목되었을 때, 어떤 권력 구조와 가능성을 만들어낼 지를 보여준다.

슈퍼 트릴로지라는 개념은 단순 이론적 구호가 아니다. 아래 사례와 움직임을 통해 실제 프로젝트에서 나타나고 있다.

① AI 거버넌스 시도

o 예) 폴카닷이나 코스모스 생태계 일부 프로젝트가 AI

기반 투표 분석(커뮤니티 의견, On-chain 데이터)으로 제안의 통과 가능성을 미리 시뮬레이션하며, 거버넌스 효율화를 추진.

② AI 검증 + 메인넷 보안

o 예) 이더리움 레이어2 프로젝트 중 AI를 도입해 **스마트컨트랙트** 취약점을 실시간 검색, 해킹 위험을 조기 경고하는 시범 사례가 보고됨.

③ 메인넷 + 자본 집중

o 상위 몇몇 메인넷이 **AI 기업·기관투자자**와 협력해 **빅데이터·머신러닝** 기능을 체인 상에 구현하려는 움직임. 이는 동시에 '자본 집중 → 기술 집중 → 중앙화 심화'라는 우려도 야기.

ConsenSys Code Audit Report, "AI-driven Vulnerability Scan for Layer2 DApps", 2024

이런 초기 실증들이 성공적으로 자리 잡는다면, 슈퍼 트릴로지가 말하는 "AI + 블록체인 네트워크 + 분산 거버넌스"가 단지 개념적 혁신이 아니라 현실적 혁신으로 이어질 가능성이 커진다.

글로벌 금융위기(2008) 시기, 전 세계는 중앙은행 주도의 구제 금융에 의존하면서도 한편으로는 비트코인을 통해 탈중앙적 화폐 실험을 시작했고, 코로나19 팬데믹(2020) 때도 같은 기조가 이어졌다. 국가 단위의 강력한 봉쇄령은 중앙화된 효율을 보여준 동시에, 재택근무와 원격 협업이 정착되면서 분산형 조직 문화가 확산되는 계기가 되었다. 이처럼 지난 20여 년간 세계는 충돌과 조화를 반복하며, 중앙화와 분산화라는 양극적 가치가 끊임없이 경쟁해 왔다.

디지털 자산 시장도 이 같은 양면적 경향을 그대로 간직하고 있다. 이미 5,000조 원을 넘나드는 거대 시장 규모 속에서, 상위 몇몇 메인넷에 자금이 몰려 사실상 중앙화에 가까운 형태로 운영되는 한편, 오픈소스 생태계와 분산 합의 알고리즘을 통해 탈중앙을 추구하는 흐름 역시 묵과할 수 없다. 이 가운데 규제와 혁신은 끊임없이 부딪히고 타협하면서, 단일한 결말이 아니라 **복잡하고 다원적인 시장 질서**

를 형성해 나가고 있다.

규제와 혁신의 충돌 속에서 '혼합·중도적 거버넌스'가
자리 잡을 것이라는 맥락을 더욱 구체화할 수 있다.

① 글로벌 규제 기관 간 협력

o 예) 미국 SEC·CFTC, 유럽 EBA·ESMA·ECB, 한국
금융위원회 등에서 **디지털 자산 공통 기준**(예: 자금세
탁방지, 투자자 보호, 토큰 증권성 판단)을 조금씩 맞춰가고
있음.

o AI 분석 도구를 활용하여 **거래소·메인넷 트랜잭션
을 실시간 모니터링**하는 국가 간 공조 방안도 논의
되는 상황.3

② AI 윤리 & 탈중앙화 거버넌스

o AI 윤리 가이드라인(알고리즘 투명성, 개인정보 보호 등)과
탈중앙 거버넌스(DAO, 온체인 투표)가 충돌하거나 융
합할 때, 구체적으로 어떤 제도 개혁이 필요한지 연
구가 제기됨.

이처럼 규제기관과 메인넷, AI 인프라 기업이 삼각 협력 (또는 갈등)을 벌이면서 **새로운 표준**을 만들어낼 가능성이 크다는 점에서, 디지털 자산은 더 이상 '투자상품'에 국한되지 않고 **정책·사회 구조** 전반을 흔드는 힘을 얻게 된다.

2. AI 네트워크, 메인넷, 거버넌스 결합의 잠재력

슈퍼 트릴로지가 의미하는 것은 단순한 이상론이 아니다. **분산화 이념**이 중앙화된 자본 및 국가 제도와 만나 전혀 다른 분권적 거버넌스 모델을 탄생시킬 수도 있고, 반대로 **AI·자본**이 결합하여 소수 세력이 권력을 독점하게 될 수도 있다는 게 핵심이다. 공유경제가 "분산"을 내세웠지만 결국 거대 플랫폼에 노동과 수익이 집중되는 상황을 떠올리면, 디지털 자산 생태계 역시 어떤 **관리 철학과 기술 표준**을 채택하는가에 따라 완전히 다른 미래를 맞이하게 될 것이다.

결론적으로, 이 책이 던지는 궁극적 질문은 **"어떻게 대응하고, 어떤 기회를 잡을 것인가?"**이다. 투기냐 혁신이냐를 넘어, 디지털 자산은 이미 제도권 금융에 버금가는 자본 규모와 기관투자자를 끌어들이고 있다. 이 거대한 흐름 앞에서, AI 기술과 정교한 거버넌스를 적극적으로 활용해 자신에게 유리한 위치를 선점하는 길을 찾는 것이 매우 중요하다. 중앙화와 탈중앙화가 절묘하게 공존하는 와중에, **규제 리스크를 최소화**하고 혁신의 발판을 마련할 수 있는 새로운 질서가 열리고 있기 때문이다.

3. 독자에게 남기는 질문과 마무리 메시지

독자에게 제언

· 개인 투자자 관점

o AI 기반 자산관리 툴(거버넌스 투표 자료, 메인넷 비교 등)을 활용해 스스로 공부하고, **거대 재단·기관**에만 의존하지 않는 투자 판단 필요.

· 기업 담당자 관점

AI와 블록체인 융합 솔루션(스마트컨트랙트 자동 검사, 디앱 보안 모듈 등) 도입 검토 → 기존 ERP나 회계 프로세스와 결합해 **투명성·효율성** 극대화.

· **정부·규제 당국 관점**

"AI 감시 vs. 개인 정보 보호" 균형, "국가 주도 CBDC vs. 탈중앙 스테이블 코인" 갈등 등을 조정하며, **혼합형 거버넌스**(민관협력, 온오프체인 병행)를 제도화할 필요.

슈퍼 트릴로지의 귀결

AI 네트워크, 메인넷, 거버넌스는 서로의 결합을 통해, 전례 없는 디지털 자산 권력 구조를 만들어낼 잠재력이 있다. 다만 상위 10개 메인넷이 시총 81%(4,100조 원 추정치)를 차지한다는 사실이 보여주듯, 탈중앙을 표방하더라도 **실제로는 중앙화된 힘**이 작용할 가능성도 크다. AI가 의사 결정을 자동화하고 투표 결과를 예측·분석한다는 아이디어는 매력적이나, 알고리즘 편향이나 데이터 독점 문제를 해결하지 못하면 또 다른 중앙화가 나타날 수 있다.

탈중앙화와 중앙화가 공존하며, 규제와 혁신이 충돌·타협하는 과정에서 미래 시장이 어떤 모습으로 자리 잡게 될까? 현재 5,000조 원에서 확장될 STO·RWA의 폭발적 성장은 어디까지나 **예측치**에 불과하다. 거시경제 변동성과 규제 리스크, 새로운 기술 출현 등으로 실제 시장 결과는 달라질 수 있다. 따라서 디지털 자산 시대에는 한쪽 극단(완전한 중앙화 혹은 완전한 탈중앙화)보다는, **혼합·중도적인 거버넌스 모델**이 자리 잡을 것이라는 가능성이 크다.

미래 방향성은 디지털 자산 내부 요인뿐 아니라, **거시경제**(금리, 인플레이션, 지정학적 리스크 등)도 크게 좌우한다.

- 예) **경기 침체**가 심화되면, 위험자산인 코인이 급락할 수도 있으나, 반대로 각국 정부가 양적완화를 재개하면 코인에 자금이 쏠릴 가능성도 있음.

- **지정학적 분쟁**(예: 미·중 갈등)이 심해지면, 달러 패권이 흔들리면서 "달러 이외 자산(코인, 금, 유로 등)"으로 분산하려는 자본 흐름이 커질 수 있음.(4)

이렇게 **디지털 자산 + AI + 메인넷 거버넌스**의 미래는 '기술'만으로 결정되지 않고, 국제 관계·거시경제 흐름과 얽혀 있음을 간단히 상기시켜 주면, 독자가 책을 덮을 때 **폭넓은 시야**를 유지할 수 있다.

독자에게 남기는 질문

개인 투자자 : 디지털 자산은 투기로 끝날 것인가, 미래 금융의 핵심 축이 될 것인가?

금융·IT 실무자·기관투자자 : "규제 리스크와 높은 진입장벽에도 불구하고, 장기적으로 참여할 가치가 있을까?

정책·규제 당국자 : "강력 규제와 완화된 제도화 사이에서 어디에 균형을 맞출 것인가?"

이 책은 결국 확고한 정답보다는 **"생각의 틀"**을 제시하고자 했다. 5,000조 원, 4,100조 원, 혹은 DeFi 예치금 폭등·폭락과 같은 통계 수치들은 현재 시점의 스냅샷일 뿐이며, 시장 상황은 빠르게 변할 수 있다. 그렇기에 AI와 블록체인이 얼마나 복합적으로 움직일지는 제도 불안정성이 높고, 완벽한 결론보다는 다음 논의를 위한 길잡이"로 이 책을 활용해 주었으면 한다. 앞으로 디지털 자산 세계에서는, AI 네트워크가 자율 의사결정을 뒷받침하고, 메인넷 생태계가 새로운 협업의 장을 펼쳐낼 것이다. 이 모든 이해관계가 거버넌스라는 무대에서 조율되는 시대가 가까워지고 있다. 2000년대 이후 격동기를 거치면서 중앙화와 분산화가 교차해온 것처럼, 디지털 자산 역시 어느 한쪽이 전부를 차지하는 단순한 결론에 안주하지 않을 것이다. 미래의 모습은 소수 권력자가 아니라, 각 개인과 조직이 어디에 서서 어떤 선택을 하는가에 달려 있다. 결국 핵심 키워드는 **(1) 5,000조 원 메인넷 시장, (2) STO·RWA 통한 제도권 융합, (3) AI 보조 거버넌스**라는 세 갈래다.

이 세 축이 '슈퍼 트릴로지'라는 이름 아래 어떤 시너지를 낼지 주시해야 한다.

AI와 블록체인이 만들어갈 무수한 시나리오 속에서, 이 책이 독자 여러분에게 조금이라도 통찰과 선택의 폭을 넓

혀주기 진심으로 바란다. 이제는 독자 여러분의 차례이다.

결국 게임의 판도는 우리의 대응과 준비에 달렸다.

| 심층적으로 학습할 수 있는 자료나 사이트 |

- 온체인 데이터 분석 툴: Glassnode, Nansen, Dune Analytics 등

- AI+블록체인 융합 논문/백서: SingularityNET, Fetch. ai, Chainlink Functions, EigenLayer 문서 링크

- 규제·정책 최신 동향: FATF 공식 사이트, 미국 SEC·CFTC 발표 자료, EU MiCA 업데이트, 한국 금융위 토큰증권 가이드라인 등

| 참고·근거 자료 |

- 미 재무부(Treasury.gov), "Debt to the Penny": 2023년 9월 기준 미국 연방정부 부채 총액 약 33조 달러
  https://fiscaldata.treasury.gov

- 미국 상무부(BEA), "GDP and the National Income and Product Accounts": 2023년 2·3분기 GDP 대비 부채비율
  https://www.bea.gov/

- Congressional Budget Office(CBO), "Budget and Economic Outlook": 국채 이자 지출 비중 및 예산 추정
  https://www.cbo.gov/

- 미 재무부(TIC 보고서), "Major Foreign Holders of U.S. Treasury Securities": 중국·일본의 미국 국채 보유 추이
  https://home.treasury.gov/

- Fitch Ratings, "United States Rating Downgrade" (2023): 미국 국채 신용등급 강등 배경 및 분석
  https://www.fitchratings.com/

| 용어사전 (Glossary) |

이 책에서 자주 등장하는 주요 용어와 간단 정의를 정리했다. 보다 자세한 내용은 본문 각 장 혹은 별도 참고문헌을 확인하길 권장한다.

1. AI (인공지능, Artificial Intelligence)

- 정의: 인간의 학습·추론·지각·언어이해 등 지적 활동을 기계가 수행하도록 하는 기술 분야

- 특징: 머신러닝(ML), 딥러닝(Deep Learning) 등이 대표적이며, 빅데이터 분석과 높은 연산 자원을 필요로 함

- 본문 맥락: 메인넷 거버넌스 최적화, 스마트컨트랙트 검증, 분산 연산 등에 활용 가능

2. AML (Anti-Money Laundering)

- 정의: 자금세탁방지를 의미하며, 불법 자금이 합법 자산으로 둔갑되는 것을 막기 위한 제도·프로세스

- 특징: 금융권에서 KYC(고객신원확인)와 함께 필수

규제로 작용

· 본문 맥락: 가상자산 거래소나 블록체인 프로젝트가
제도권 금융기관과 협업하기 위해 충족해야 할 주요
요건

3. AVALANCHE (아발란체)

· 정의: 블록체인 플랫폼 중 하나로, '서브넷(Subnet)'
기능을 통해 독립적인 블록체인 네트워크를 쉽게 만
들 수 있음

· 특징: 빠른 트랜잭션 처리 속도와 확장성을 강점으
로 내세움

· 본문 맥락: 기관투자자를 위한 맞춤형 네트워크 구현
가능성으로 주목받음

4. CFTC (Commodity Futures Trading Commission)

· 정의: 미국 상품선물거래위원회로, 상품·파생상품(
선물, 옵션) 시장을 감독·규제하는 기관

- 특징: 비트코인, 이더리움 등을 '상품'으로 보고 관할 권을 주장하기도 함

- 본문 맥락: SEC(증권거래위원회)와 함께 디지털 자 산의 규제 관할권을 두고 충돌하는 사례가 종종 언 급됨

5. DAO (Decentralized Autonomous Organization)

- 정의: 중앙 권위 없이 스마트컨트랙트 기반 규칙으로 운영되는 탈중앙화 조직

- 특징: 토큰 보유자나 노드 참여자가 투표권을 행사해 의사결정에 참여

- 본문 맥락: 분산 거버넌스를 구현하는 핵심 모델로, DeFi나 NFT 커뮤니티 등 다양한 프로젝트에서 시도 중

6. DAXA (Digital Asset eXchange Alliance)

- 정의: 디지털 자산 거래소들이 모여 결성한 협의체(또 는 국·내외 여러 유형이 있을 수 있음)

- 특징: 거래소 간 표준 협의, 건전한 시장 조성을 목표로 활동

- 본문 맥락: 2024년 DAXA 보고서 등에서 디지털 자산 시가총액, 메인넷 점유율 통계를 언급할 때 자주 인용됨

7. DeFi (Decentralized Finance)

- 정의: 중앙화된 금융기관 없이, 블록체인 스마트컨트랙트를 통해 대출·예금·거래 등 금융 서비스를 제공하는 체계

- 특징: 투명성·개방성·검열 저항성을 추구하지만, 시장 변동성이나 스마트컨트랙트 리스크가 존재

- 본문 맥락: 거버넌스 혁신 사례, DAO와 연계된 탈중앙 금융 모델로 자주 언급

8. EVM (Ethereum Virtual Machine)

- 정의: 이더리움에서 스마트컨트랙트를 실행하는 가

상 머신 환경

- 특징: Solidity 언어로 작성된 코드를 바이트코드 형태로 실행, 여러 블록체인이 'EVM 호환성'을 지향해 에코시스템 확장을 꾀함

- 본문 맥락: 메인넷 경쟁에서 EVM 호환성이 기관투자자·개발자 유입에 중요한 요소로 작용

9. IBC (Inter-Blockchain Communication)

- 정의: COSMOS에서 제안한 블록체인 간 상호운용성 프로토콜

- 특징: 독립된 체인들이 서로 데이터를 교환하고, 자산 이동을 가능케 함

- 본문 맥락: 기관투자자 전용 체인(Zone)과 메인 허브 간 연결성을 강조하는 모델로 주목

10. ICO (Initial Coin Offering)

- 정의: 프로젝트가 블록체인 기반 토큰을 발행해 초기

자금을 조달하는 방식

- 특징: 2017년 경에 붐이 일어났으나, 규제 공백과 투기적 성격으로 비판받음

- 본문 맥락: STO가 ICO의 '규제 공백'을 메꾸는 증권형 토큰 발행 방식으로 부상

11. IMF (International Monetary Fund)

- 정의: 국제통화기금으로, 글로벌 경제 동향 분석과 회원국 경제 정책을 모니터링하는 국제기구

- 특징: 각종 경제 지표와 전망 보고서를 발표하며, 디지털 자산에 대한 분석도 점차 강화

- 본문 맥락: STO/RWA가 전통 금융시장과 디지털 시장을 연결하는 '가교' 역할을 할 수 있다고 일부 보고서에서 언급됨

12. KYC (Know Your Customer)

- 정의: 금융기관이 고객 신원을 확인하여, 자금세탁·

테러 자금 등에 악용되지 않도록 하는 절차

• 특징: 거래소나 디지털 자산 서비스가 제도권에 편입
  되려면 필수적으로 갖춰야 함

• 본문 맥락: SOLID LOCK 전략에서 기관투자자 유치
  를 위해 KYC/AML 체계를 구축하는 사례가 설명됨

13. NFT (Non-Fungible Token)

• 정의: 대체 불가능 토큰으로, 디지털 자산에 고유성을
  부여해 유일무이한 소유권 증명을 가능케 함

• 특징: 예술품·게임 아이템·메타버스 자산 등 다양한
  분야에서 활용 확대

• 본문 맥락: 2020년대 초반 시장 열풍을 일으키며, 디
  지털 자산 투자 생태계를 다변화시킴

14. PBFT (Practical Byzantine Fault Tolerance)

• 정의: 블록체인 합의 알고리즘 중 하나로, 노드 간 메
  시지 교환으로 악의적 행위를 감지·합의하는 방식

- 특징: 특정 노드가 불량(BFT) 상태여도 전체 합의가
  가능하며, PoW나 PoS보다 빠른 합의를 목표

- 본문 맥락: 합의 알고리즘 최적화 논의 시 예로 들며,
  AI가 지연·노드 상태 등을 분석해 PBFT 방식을 개선
  하는 시나리오도 거론됨

15. POLKADOT (폴카닷)

- 정의: 이더리움 공동창업자 개빈 우드가 만든 멀티체
  인 생태계 프로젝트

- 특징: 패러체인(Parachain) 구조로 확장성·상호운용
  성을 확보, DOT 토큰을 통한 경매로 생태계 참여 결정

- 본문 맥락: 소수 창업자·재단 중심으로 자본과 권력
  이 집중되는 사례로 종종 언급

16. RWA (Real World Asset) 토큰화

- 정의: 부동산, 채권, 예술품, 탄소배출권 등 실제 실물
  자산을 블록체인에서 토큰화해 유통·거래할 수 있도

록 만드는 개념

- 특징: STO(Security Token Offering)의 한 종류로 분류할 수 있음

- 본문 맥락: 전통 금융시장과 디지털 자산시장을 연결하는 핵심 매개체로 기대받음

17. SEC (Securities and Exchange Commission)

- 정의: 미국 증권거래위원회로, 주식·채권 등 증권 관련 시장을 감독하는 기관

- 특징: 디지털 자산을 '증권'으로 간주해 소송·규제를 진행하는 경우가 있음

- 본문 맥락: CFTC와 관할권 충돌을 빚으며, 디지털 자산 프로젝트에 높은 준법의무를 요구함

18. SOLID LOCK (솔리드 락)

- 정의: Secure & Transparent Custody, Operational Oversight, Liquidity & Stable Returns, Institutional

Governance, Durable Ecosystem의 다섯 요소를 결합해, 기관투자자가 안심하고 디지털 자산에 장기 참여할 수 있도록 만든 전략

- 특징: 커스터디·투명성·리스크 관리·규제 준수·장기 생태계 유지 등을 종합적으로 추구

- 본문 맥락: 제도권 금융이 디지털 자산을 수용하기 위한 핵심 프레임워크로 책에서 제시

19. STO (Security Token Offering)

- 정의: 증권형 토큰 발행 방식으로, 주식·부동산 등 전통적 증권 자산을 토큰 형태로 발행해, 증권법 범주에서 투자자 보호 규정을 준수

- 특징: ICO와 달리 투기성이 비교적 낮고, 합법적 투자 상품으로 인정받으려는 시도

- 본문 맥락: RWA 토큰화와 함께, 디지털 자산 시장에 기관투자자 자금을 대거 유치할 유망 분야로 소개됨

20. Web3

- 정의: 탈중앙화와 사용자 주권을 강조하는 차세대 인터넷 개념

- 특징: 블록체인·암호화폐·NFT·DAO 등을 포괄하며, '소유'와 '참여'에 대한 패러다임 전환을 추구

- 본문 맥락: 메인넷 경쟁, 분산 자산 관리, AI 결합 등과 함께 언급되면서 미래 디지털 생태계를 아우르는 개념으로 사용됨

| "SOLID LOCK" 개념과 기존 금융 규제·회계 원칙을 바탕으로 핵심 포인트 |

실무 체크리스트: 누가 무엇을 준비해야 되나?

1.개인투자자

■ **거래소·지갑 선택**

··· 항목 점검 사항

*실명계좌·KYC 절차가 투명한가?

*보안(2FA, 멀티시그, 콜드스토리지 등) 수준은?

··· 예시 질문

"이 거래소가 금융위·금감원 등록 완료?

내 자산은 어떻게 예치?"

■ **재단·프로젝트 투명성**

··· 항목 점검 사항

*백서(White Paper)의 팀 구성·토큰 경제 구조가 명시

돼 있는지?

*감사·보안 인증 결과 공개 여부

… 예시 질문

"커뮤니티가 활발히 운영되고, 개발 로드맵을 준수하는 프로젝트인가?"

■ 리스크 관리

… 항목 점검 사항

*변동성 대비: 투자 금액은 감당 가능한 수준인가?

*사기·스캠 프로젝트 식별 체크리스트 보유?

… 예시 질문

"누가 '루머만 믿고' 뛰어드는 건 아닌지? 사전조사를 충분히 했나?"

■ 세무·회계 대응

… 항목 점검 사항

*국내외 과세 규정 숙지(양도소득세, 기타소득세 등)

*거래소에서 월별 거래내역·원장 관리

… 예시 질문

"연간 거래 손익을 기록했고, 자진신고·납부 가능하도록 정리했나?"

2.기업(법인) 스타트업 담당자

■ 디지털 자산 보유 계획

… 항목 점검 사항

*재무팀(CFO)와 내부감사팀 협의: 회계처리(무형자산/ 금융자산 분류)와 리스크 보고 방식 확립

*'결제·보증금·투자' 등 보유 목적이 명확한지?

… 예시 질문

"만약 토큰 가치 하락 시 손상차손은 어떻게 반영?감사 인이 인정할 기준이 있나?"

■ STO 정부·기관투자자 (금융당국, 공공기관, 대형 연 기금 등) 발행·참여

… 항목 점검 사항

*자본시장법 준수: 증권형 토큰 발행시 '금융투자업 라 이선스', 투자설명서 공시 요건 등 확인

*사모/공모 구분, 기관투자자 대상 여부, 소액청약 요 건 정비

··· 예시 질문

"금융위나 거래소와 협의할 라이선스 절차는?투자자
보호 장치 마련 여부는?"

■ **RWA(실물자산 토큰화) 프로젝트**

··· 항목 점검 사항

*부동산·채권·예술품 등 기초자산 평가 및 소유권증명
확실화

*전자등기·블록체인 기록 연계 시 법적 효력 검토

··· 예시 질문

"이 자산이 정말 토큰화 가능한가?지분 분할, 유동화 과
정에서 법적 분쟁 요소 없나?"

■ **거래소·커스터디 파트너 선정**

··· 항목 점검 사항

*SOLID LOCK 요소(보안, 운영감시, 유동성, 거버넌스)
충족하는지 실사(Due Diligence)

*멀티시그·콜드월렛·재보험(보험사) 가입 여부

… 예시 질문

"혹시 해킹이나 내부 횡령 사고 시,배상받을 수 있는 체
  계가 마련되어 있나?"

■ **기술·인프라 투자**

… **항목 점검 사항**

*블록체인 노드 운영, AI 모니터링 솔루션 도입(거버넌
  스 자동화, 보안 강화) 검토

*자사 ERP·회계시스템과 연동성 확인

… **예시 질문**

"사내 IT팀 역량으로 충분히 개발/운영 가능한가?외부
  전문기업과 협력해야 하나?"

3) 정부·기관투자자 (금융당국, 공공기관, 대형 연기금 등)

■ **정책·법규 제도화 (SOLID LOCK 적용)**

⋯ 항목 점검 사항

*Secure & Transparent Custody: 법정 커스터디 기관 의 라이선스 조건 명확화

*Operational Oversight: 거래소·프로젝트 운영 기준, AML/KYC 준수 의무

⋯ 예시 질문

"금융위/금감원/국토부 등 부처 간 협업 방안? 특금법· 자본시장법·부동산법 충돌은 없나?"

■ 기관투자자(연기금, 은행) 자산 배분

⋯ 항목 점검 사항

*디지털 자산 투자 비중 한도, 내부통제

*리스크관리 체계 확립·외부 회계감사 표준 마련

⋯ 예시 질문

"정관/운용규정상 가상자산 투자 허용 범위는?올해부 터 어떤 자산 비중으로 편성 가능?"

■ STO·RWA 인프라 육성 지원

··· 항목 점검 사항

*샌드박스(시범사업), 혁신금융서비스 지정

*표준화된 발행·유통 플랫폼 구축, 보안·검증 절차 가이드

··· 예시 질문

"토큰증권 유통 시장을 키우려면 거래소 설립 기준·IT 표준이 필요.이를 어떻게 정비할 것인가?"

■ AI 기반 모니터링·감독

··· 항목 점검 사항

*실시간 자금세탁 추적(트래킹), 심각도 분석 모델

*국가 차원의 사이버보안 예산 배정, 공공 블록체인 노드 운영

··· 예시 질문

"규모가 커진 디지털 자산 시장을 어떻게 모니터링? 해외 거래소·P2P 거래 추적 대책은?"

개인: 거래소·토큰 프로젝트 검증(백서, 보안인증)부터 세무·회계 준비, 보안수칙, 스캐머 식별 등 필수적 기초를 챙겨야 한다.

기업: CFO·내부감사팀 협업, 회계기준 숙지, 라이선스·발행요건 점검(특히 STO, RWA), 파트너사 커스터디 솔루션 실사 등 보다 구체적인 법·제도 요건을 준비해야 한다.

정부·기관투자자: 한층 거시적이고 제도적인 관점. 예) 디지털 자산을 제도권 금융과 어떻게 조화시킬지, SOLID LOCK(보안·운영·유동성·거버넌스·생태계) 프레임을 각종 인허가 절차나 모범규준에 반영할지 등.

| 참고 주석 |

1) SIFMA(미국증권산업금융시장협회), World Bank, IMF 등 각
   종 통계 종합

2) 미 재무부(Treasury.gov), "Debt to the Penny", 2023년 9월
   기준 33조 달러

3) Fitch Ratings, "United States Rating Downgrade", 2023

4) Chainalysis, 'Crypto Market Insights: BTC flows during
   bond yield fluctuations', 2023

5) https://bloomingbit.io/feed/news/77033

6) CNBC, "Wall Street banks are diving deeper into crypto…",
   2023

7) Bloomberg, "JPMorgan quietly offers crypto fund to private
   clients", 2022

8) SEC Filings, BlackRock spot BTC ETF 신청서, 2023

9) 한국경제, "시중은행 예금 금리 인하에 고액 자산가들 '코인
   펀드'로 눈돌려", 2023.2 보도

10) 금융위원회, "가상자산업법 초안 및 파생상품 적용 검토 보

고서", 2023

11) Web3 Foundation, "AI-based Governance Tools in Polkadot Parachains", 2024

12) ConsenSys Code Audit Report, "AI-driven Vulnerability Scan for Layer2 DApps", 2024

13) FATF(국제자금세탁방지기구), G20 공조 하 디지털 자산 트래블룰(Travel Rule) 확대, 2023

수퍼 트릴로지(Super Trilogy)
디지털 자산 투기인가 아니면 새로운 질서인가?

초판 발행 2025년 4월 28일

지은이 박상민

발행인 정유진
발행처 노북(no book)
주 소 서울특별시 서초구 강남대로53길 8 11층
전 화 050-71319-8560
팩 스 050-4211-8560
출판등록일 2018년 7월 27일
등록번호 제2018-000072호
E-mail nobookkorea@gmail.com

ISBN 979-11-90462-60-0 [03320]

ⓒ 2025 박상민, Published by nobook, Printed in Korea

+ 이 책은 저작권법에 의하여 한국 내에서 보호를 받는 저작물이므로
  무단 전재 및 복제를 금합니다.
+ 잘못된 책은 바꾸어드립니다.